Crónicas de Project Management

JUAN BIANCHI

Fotografía de tapa: Silvia Mahon

Revisión general: Néstor Bianchi y Adriana Cicchini

ISBN: 149094625X
ISBN-13: 978-1490946252

Para Chiara, la luz que brilla en mis ojos;
para Silvina, mi compañera de vida;
para mis Padres que me enseñaron
el camino para ser lo que soy;
y para toda mi querida familia

CONTENIDO

1. PREFACIO

La gestión de proyectos es un viaje a lo inesperado. Es pilotear un avión por cielos que parecen por momentos despejados y que por momentos se llenan de nubes a nuestro alrededor, factibles de encontrar tormentas y turbulencias a pesar de las mejores predicciones de buen tiempo. Es un viaje en el cual se deben disipar esas nubes para poder arribar al destino, un destino no tan claro como lo es en un viaje en avión.

En mi experiencia de gestión de proyectos hay algo que siempre ronda en mi mente respecto a la distancia que existe entre la definición de requerimientos y el desarrollo de la solución. ¿Qué deberíamos hacer para achicar la brecha que existe entre lo que el Cliente verdaderamente necesita y lo que finalmente le terminamos brindando?

El hecho se basa en que el Cliente parte de una necesidad concreta pero al transmitir su requerimiento, la mayoría de las veces, se plantea una zona gris muy poco delimitada, con muchas o algunas nubes, con muchas o algunas incertidumbres. Es allí donde persiste una mezcla de definiciones y pedidos que –generalmente- son una visión parcial de un todo que deberíamos ir armando.

Si el Cliente solicitara un cambio a una aplicación ¿lo hacemos sin más? ¿Eso es lograr la satisfacción del Cliente? Podría asegurar que la respuesta se inclina mucho mas a un no que a un sí. Quizás lograríamos una satisfacción momentánea o parcial pero les aseguro que indiscutiblemente no se podría mantener en el tiempo. ¿Qué pasaría entonces si al realizar este cambio impactara en otros procesos u otras aplicaciones que podrían afectar el resultado integral del negocio? ¿Estaría satisfecho el Cliente? Comencemos entonces por escuchar. Escuchar, que no es lo mismo que oír. Según una de las acepciones de la lengua española "Escuchar es prestar atención a lo que se oye". Debemos partir entonces escuchando los requerimientos que nos intenta transmitir el Cliente, poniendo nuestro conocimiento e intelecto al servicio de descifrar su lenguaje y transcribir que es lo que verdaderamente necesita. Una de las claves que mucho ayuda es encontrar un lenguaje común, un lenguaje con el cual comunicarnos con el Cliente. Un lenguaje que nos lleve a lograr un entendimiento mutuo.

Hace un tiempo tuve la experiencia de participar y mediar en un conflicto de intereses que se presentó debido a que no se lograba un acuerdo en la definición de la fecha de finalización de un proyecto. Para algunos de los involucrados se debía terminar en una fecha determinada, mientras que otros insistían en acortar en gran parte el tiempo del plan de implementación. ¿Cuál fue el problema? ¡Estar hablando de distintas cosas! El Sponsor del proyecto entendía que la fecha de finalización significaba lograr un alcance específico, mientras que otro de los principales stakeholders entendía que el objetivo sólo era llegar a una etapa piloto.

Otro ejemplo típico y más popular del problema en cuestión es el que se presenta al definir una hora para un encuentro. Si Usted está invitado a una cena a las 21 hs, ¿a qué hora llegaría?. Algunas personas entenderán que deberán estar cinco minutos antes del horario, mientras que otras creerán que lo normal es llegar media hora más tarde. Hasta conozco algunas que comienzan a prepararse a la hora en que fueron invitadas.

Los inconvenientes planteados pueden suceder tanto entre stakeholders de diferentes países como hasta entre los integrantes de nuestro propio equipo de trabajo. Recomiendo entonces, como primer paso: lograr un lenguaje común que sirva para el entendimiento mutuo entre las partes.

Como habrá notado comencé mencionando al Cliente y finalicé hablando de los Stakeholders. Los stakeholders son todos los involucrados e interesados en el proyecto, tanto sean afectados directa o indirectamente. ¿No sería entonces un buen momento para identificar, involucrar y manejar las expectativas de todos los stakeholders desde esa primera instancia?

Esto nos ayudaría a que no queden "huecos", falta de información o inconsistencias, las que generalmente se presentan en las definiciones iniciales, e integrar las mismas bajo un paragüas de un concepto más global, corporativo o estratégico que a su vez nos evitará dolores de cabeza futuros.

De esta forma estaremos mejor preparados para desarrollar nuestro análisis de solicitud con una base de conocimiento aún mayor acerca de "lo que el Cliente verdaderamente necesita y no sólo de lo que nos está pidiendo".

Partiendo de esta premisa podríamos lanzarnos al análisis de una propuesta de solución, que incluso mejore lo solicitado inicialmente. Al evaluar la solución del requerimiento debemos hacerlo desde una visión amplia, una visión que nos impida acotarnos a una estructura determinada. ¿Por qué aferrarse a una infraestructura, un lenguaje o herramienta específica? ¿Qué tal si hubiera una solución en el mercado que se adapte a las necesidades? o si pudiéramos reutilizar recursos?.

A esta altura también podría presentarse el inconveniente de no contar con los recursos necesarios para la realización de la solución, o incluso no contar con el conocimiento requerido. Es allí donde deberíamos ser creativos y analizar las posibilidades de obtener recursos tercerizados, formar partners o asociarnos a otras empresas o proveedores que, integrándose a nuestro equipo de trabajo, se pueda lograr la solución deseada, que de otra forma no podríamos alcanzar.

La propuesta es no cerrar nuestro campo de acción y evaluar las alternativas y distintos caminos que podamos tomar.

Una vez comenzado el proyecto o desarrollo de solución se tiende a querer minimizar o incluso hasta saltear la etapa de planificación. ¡Grave error! Es ahí cuando visualizamos la ruta que vamos a tomar, como vamos a llegar a aquel destino deseado. Nadie tomaría una ruta que no sabe a dónde termina, ni en qué estado se encuentra, ni que distancia recorre, aunque nos ayudara un GPS.

Para llegar a destino tendríamos nuestro mapa, trazaríamos la ruta a tomar y transitando cada uno de los tramos que planificamos, mantendríamos el mapa a nuestro lado para seguir chequeando y manteniendo la dirección adecuada.

Al desarrollar nuestra planificación debemos ser realistas, no queda otra opción. No podemos quedarnos sin combustible a mitad de camino porque no chequeamos donde estaban las estaciones de servicio, o tratar de buscar caminos alternativos para esquivar el peaje y que terminemos teniendo problemas con el terreno, o querer acortar tanto el tiempo que tendríamos que ir a 500 kms por hora. Alguna vez escuché que por más que juntemos muchas mujeres... el hijo nacerá en nueve meses.

Ya en camino debemos ser fieles a nuestra planificación. Cumplir con lo que corresponde y nada más de lo que corresponde. ¿Sería beneficioso incluir funcionalidades extras a las requeridas o componentes de mayor calidad a los convenidos o ampliar el alcance ya planificado? Generalmente estos adicionales se basan en la impresión o percepción de uno o varios integrantes del equipo del proyecto de lo que entiende que le gustaría al Cliente. La mayoría de las veces dicha impresión no es apropiada ni correcta. Esta es una de las prácticas no recomendadas y es conocida como Gold Plating en la jerga de Project Management.

Si un cambio fuera requerido también deberá gestionarse como corresponde, evaluando el impacto y volviendo al proceso de análisis de este nuevo requerimiento. La clave se basa en hacer las cosas bien para poder cumplir los requisitos con el grado requerido. ¿Cómo lograr este objetivo? A través de una correcta gestión del proyecto. Para ello debemos prepararnos y trabajar basándonos en una metodología que permita que no dejemos nada librado al azar.

Así como la preparación evita una pobre performance al momento de correr una maratón, la preparación aplicada al Delivery evita una pobre performance en la gestión de proyectos.

Sin embargo hoy en día la gestión de proyectos requiere mucho más que seguir una metodología. La gestión de proyectos es "ciencia y arte". Por tal motivo, se requiere de nuestras habilidades aplicadas a integrar las partes. Es nuestro deber poner todas las piezas juntas para llegar a destino exitosamente. De esta forma tendremos más oportunidades de hacer nuevos negocios.

Como para simple muestra basta un botón, podría mencionar un caso de éxito de hace unos cuantos años atrás, donde tuve la suerte de participar como Project Manager. En dicha ocasión expandimos los servicios brindados llegando a mas de 40 nuevos Clientes, a toda una red de sucursales de Latinoamérica, Centroamérica e Islas del Caribe. Logramos alcanzar este nuevo mercado gracias al trabajo realizado en un proyecto previo, de similares características, el cual se llevó a cabo en forma exitosa. ¿Estaba satisfecho el Cliente? Tengo la certeza que sí.

La peor gestión es la que no se hace. Cuanto mejor sea nuestra gestión, mejoraremos nuestros resultados y aumentaremos nuestras posibilidades de negocio.

Esta obra pretende llevar al lector a un entendimiento claro de los conceptos del Project Management, facilitando el estudio del PMBOK® y la preparación del examen de certificación para aquellos que lo deseen.

¡Bienvenido a las Crónicas de Project Management!

2. INTRODUCCION

"The Chaos Report", una vieja publicación del Standish Group International, Inc. (del año 1995) presentaba un estudio a través del cual se comparaba la fabricación de puentes con la del negocio de Information Technology.

De dichas comparaciones resultaba que los puentes –en general- eran construidos en tiempo, con el costo planificado y no se caían, mientras que los proyectos de IT presentaban como resultado las siguientes cifras:

- el 31% de los proyectos son cancelados antes de terminar.
- el 53% de los proyectos son completados con distinto alcance, con sobrecostos y/o fuera de término.
- el 16% de los proyectos son completados con el alcance esperado, en el tiempo planificado y dentro del presupuesto asignado.

Una de las razones respecto al éxito en las construcciones de los puentes era por el extremo detalle en el diseño, y que el mismo se fijara de tal manera que el contratista tuviera poca flexibilidad para hacer cambios en las especificaciones.

En la actualidad, viviendo en un ambiente de negocios cambiante, sabemos que un diseño "frizado" no se acomoda a las prácticas reales. Por ello debe ser utilizado un modelo más flexible pero que a su vez sea metodológico para no dejar nada librado al azar.

Entre los principales factores de éxito en proyectos de IT podemos encontrar los siguientes:

- Involucramiento del usuario
- Apoyo de la Gerencia
- Enunciado claro de los requerimientos
- Planeamiento adecuado
- Expectativas realistas
- Hitos intermedios
- Recursos humanos competentes
- Ownership
- Objetivos y visión claros
- Recursos Humanos trabajadores y focalizados

Entre los principales factores de fracaso en proyectos de IT podemos encontrar los siguientes:

- Requerimientos incompletos
- Falta de involucramiento del usuario
- Falta de recursos
- Expectativas irrealistas
- Falta de apoyo de la gerencia
- Especificaciones y requerimientos cambiantes
- Falta de planificación
- Falta de IT Management
- Desconocimiento de la tecnología

De este "caos" es que surge la necesidad concreta de contar con alguien que integre las partes, alguien que gestione un proyecto, que cuente con una metodología, la cual incluyendo las mejores prácticas de mercado permita llevar a cabo un proyecto con éxito. Y… ¿qué es un proyecto con éxito? Un proyecto que se realiza con el alcance, costo, tiempo y calidad esperados, sin dejar de lado la aceptación y satisfacción del cliente.

3.   FRAMEWORK

Este capítulo describe los conceptos fundamentales que servirán como marco de trabajo para la Gestión de Proyectos.

3.1. ¿Qué es un Proyecto?

Un Proyecto es un esfuerzo temporal que se lleva a cabo para crear un producto, servicio o resultado único.

- Temporal : Cada proyecto tiene un inicio y un fin definidos. La temporalidad no implica poca duración, han sido proyectos las pirámides de Egipto, la construcción de un country, la puesta en escena de una obra de teatro, la implementación de un sistema, la edición y publicación de este libro. Con estos ejemplos podemos entender fácilmente la diferencia entre la duración de un proyecto y la duración del producto, siendo este último el resultado obtenido.

- Único: un proyecto crea productos "entregables" únicos. Los productos entregables son productos, servicios o resultados. Cada vez que se encara un proyecto se espera la obtención de un producto / servicio que se realiza por primera vez, incluso cuando se trate de una construcción de una casa, con los mismos planos y dimensiones, el sólo hecho de tratarse de distinto cliente hace al producto único y por lo tanto no es una operación de rutina sino un proyecto.

- Resultado: Es importante tener en claro cuál es el objetivo del proyecto antes de comenzarlo. Esto que parece tan básico muchas veces es difícil de lograr. Lo que da la vida a un proyecto es la intención de satisfacer o resolver una necesidad presentada. Este es el objetivo del proyecto y a su vez es el límite del mismo.

Un proyecto es definido como un plan el cual tiene ciertas características que lo hacen único:

- Fechas de comienzo y fin definidas
- Objetivos cualitativos y cuantitativos
- Un presupuesto específico para el proyecto
- Una organización temporaria de recursos
- Único, no es un trabajo regular
- Complejidad

Los proyectos son una forma de organizar actividades que no pueden ser tratadas dentro de los límites operativos normales de la organización. Se usan a menudo para lograr el plan estratégico de la organización.

Debido a que los proyectos son factibles a cambios, el plan del proyecto es iterativo y de elaboración progresiva a medida que avanza su ciclo de vida.

La elaboración progresiva implica mejora continua y detalle del plan a cada vez mayor nivel. La elaboración progresiva permite al equipo de trabajo manejar niveles con mayor nivel de detalle a medida que el proyecto evoluciona.

Incluso, suponiendo que un proyecto no tuviera cambios, imaginemos a la elaboración progresiva como una pintura. La misma comienza a existir cuando el artista plástico pasa su primer pincelada sobre el lienzo y después de varias horas de trabajo queda una base que al día siguiente refinará. La elaboración progresiva que lleva a este artista a obtener cada vez mayor nivel de detalle en su obra es similar a la que un Project Manager con su equipo debe lograr en el proyecto.

Los proyectos surgen generalmente como resultado de:

- Una demanda del mercado
- Una necesidad de la organización
- Una solicitud del Cliente
- Un avance tecnológico
- Un requisito legal

Las organizaciones realizan trabajos con el fin de lograr un conjunto de objetivos. Por lo general estos trabajos se clasifican en proyectos y operaciones ó servicios ("rutina").

- Los proyectos y operaciones difieren primordialmente en que las operaciones son continuas y repetitivas, mientras que los proyectos son temporales y únicos.
- La finalidad de un proyecto es alcanzar un objetivo y luego concluir, mientras que el de una operación continua es dar respaldo al negocio.
- El proyecto concluye cuando se alcanzan sus objetivos específicos, mientras que las operaciones adoptan un nuevo conjunto de objetivos y el trabajo continúa.

Es importante resaltar este último concepto diferenciando principalmente entre un proyecto y un servicio de soporte o mantenimiento. Estos servicios también deben ser gestionados, sin embargo, al contar con otras características cambia la forma de llevarlos a cabo.

Podríamos de esta manera tomar como ejemplo de proyecto la implementación de un sistema ERP y como servicio de mantenimiento el soporte posterior a su implementación. Otros ejemplos de proyectos podrían ser el desarrollo de un nuevo producto o servicio –no el servicio en sí-, desarrollo o implementación de un sistema de producción, construcción de un edificio, implementación de un nuevo proceso de negocio o procedimiento.

3.2. Contexto de un Proyecto

Basados en la definición de proyecto, es importante entender cuáles son los límites de un proyecto, su entorno y contexto. En la figura a continuación se muestran los procesos macro que lo rodean y aquellos que son parte para poder entender el foco de los proyectos y su gestión.

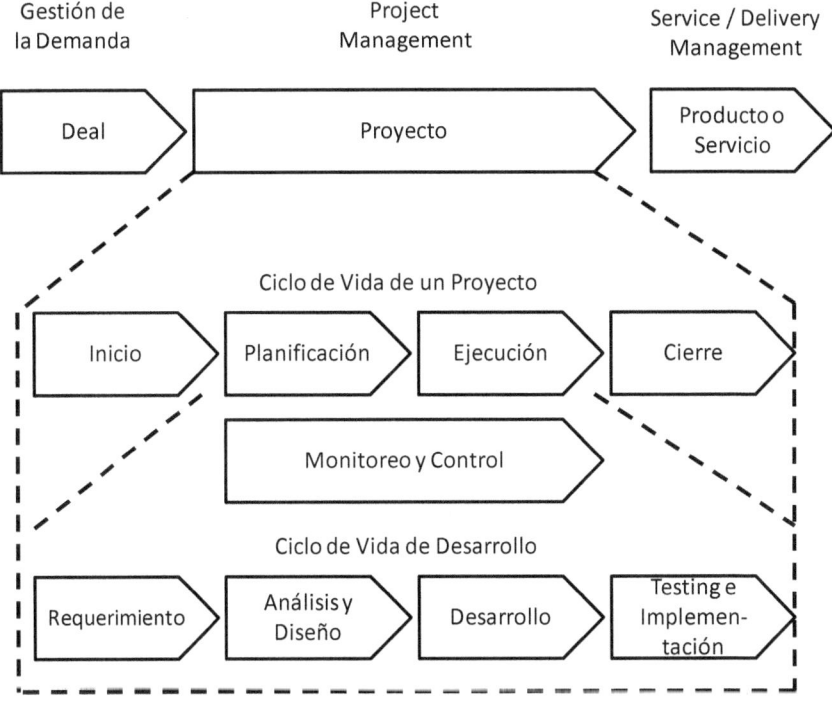

Figura 1. Contexto de un Proyecto

Antes de iniciar cualquier proyecto siempre existe una etapa previa que comúnmente se la puede llamar etapa de Deal. Es el periodo de tiempo desde que surge o detecta la necesidad hasta que se aprueba el proyecto para ser iniciado. Esta etapa puede ser interna dentro de una compañía que realiza un proyecto para sí misma, donde generalmente se la conoce como "Gestión de la Demanda", o ser una etapa de "Venta del proyecto" para los casos en que una Consultora desarrolle un proyecto para un cliente.

Durante este macro proceso de Deal está involucrada el área de Ventas con soporte del Project Manager al cual se debería asignar al Proyecto. En el caso de Gestión de la Demanda estará involucrada la PMO con soporte del Project Manager, el cual se debería asignar al proyecto en caso de que sea aprobado.

El proyecto en si mismo está conformado como un macro proceso de transición, que va desde la aprobación de la necesidad hasta la implementación de su solución y su aceptación por parte del Cliente. Existe un Ciclo de Vida de un Proyecto, el cual está compuesto por procesos, que integrándose unos con otros, permiten realizar la gestión del mismo. Tanto el Ciclo de Vida de un Proyecto como los procesos que integran el mismo serán tratados en los próximos capítulos.

Para proyectos de Desarrollo de Aplicaciones, se puede ver en la figura como se desarrollan en paralelo el Ciclo de Vida de un Proyecto y el Ciclo de Vida de Desarrollo, del cual participan los recursos técnicos asignados a tal fin, como ser los Arquitectos.

Después de finalizar un proyecto, el resultado obtenido pasa a lo que se llama operación o servicio, esto implica que se realiza un traspaso al área de Mantenimiento quien se encargará de dar soporte al producto o resultado obtenido. Esta etapa es la de Servicio (operación continua) y es generalmente gestionada por un Service o Delivery Manager.

Tanto durante la gestión de proyectos como en las etapas previas de Deal o posterior de Servicios, los Consultores brindan consultoría de negocio, de procesos o tecnología.

3.3. Ciclo de vida de un Proyecto

Los proyectos varían en tamaño y en complejidad. Independientemente de ello, todos los proyectos pueden seguir la siguiente estructura como ciclo de vida:

- Comienzo del proyecto
- Organización y preparación
- Desarrollo del trabajo del proyecto
- Cierre del proyecto

La estructura general del ciclo de vida se utiliza frecuentemente cuando nos comunicamos con entidades que están menos familiarizadas en temas de Project Management, tales como las gerencias superiores. Esto provee un marco común a través de una vista de alto nivel. Los principales outputs de esta estructura son:

- Comienzo del proyecto: Project Charter (carátula del proyecto)
- Organización y preparación: Project Management Plan (Plan de Gestión del Proyecto)
- Desarrollo del trabajo del proyecto: Entregables aceptados
- Cierre del proyecto: Documentos del proyecto archivados

Las principales características del ciclo de vida generalmente son:

- Los niveles de costos y recursos son bajos al inicio y aumentan durante el proyecto.
- La influencia de los stakeholders, el riesgo y la incertidumbre son más grandes al principio del proyecto y decrecen durante el proyecto.
- La habilidad para cambiar las características del producto del proyecto sin alto impacto en los costos es menor hacia el comienzo del mismo que hacia el final. Esto implica que si deseamos hacer un cambio es más fácil cuando recién se comenzó que cuando se está terminando. El costo de los cambios y modificaciones se incrementa enormemente a medida que el proyecto se va completando.

En el Ciclo de Vida de un Proyecto hay dos etapas que no se repiten, que son las de Inicio y Cierre. Ambas etapas son únicas. Mientras tanto, las de organización, preparación y desarrollo del trabajo del Proyecto son iterativas. Esto significa que una vez iniciado el proyecto se planifica y se ejecuta y estos procesos pueden volver "n" cantidad de veces a la etapa de planificación, la cual se retroalimenta con los resultados de la etapa de ejecución. Allí se realizan ajustes, se implementan oportunidades de mejora, y cambios necesarios o requeridos.

3.4. ¿Qué es la Gestión de Proyectos?

La gestión de Proyectos ó Project Management es la aplicación de conocimientos, habilidades, herramientas y técnicas a las actividades de un proyecto para satisfacer sus necesidades.

El propósito de Gestión de proyectos es la aplicación de la metodología para llevar a cabo exitosamente los proyectos de la organización o individuo. Esto implica la realización del proyecto con el alcance, costo, tiempo y calidad definidos para cumplir el objetivo planteado.

La Gestión de Proyectos se logra mediante la aplicación e integración de los procesos de la Metodología de Gestión de Proyectos. Estos procesos están divididos en cinco grupos, los cuales son:

- Inicio
- Planificación
- Ejecución
- Monitoreo y Control
- Cierre

Estos grupos de procesos siguen el Ciclo de Vida de un Proyecto, cuya forma gráfica se puede observar a continuación:

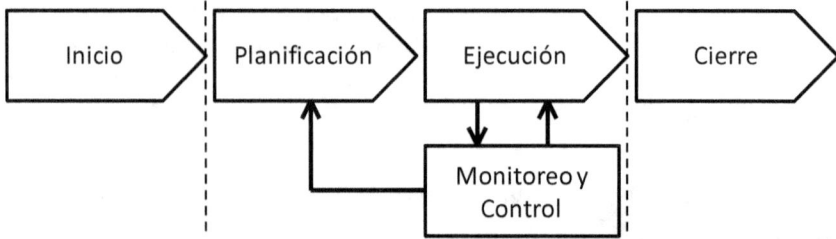

Figura 2. Ciclo de Vida de un Proyecto

Dentro del ciclo de vida de un proyecto se cuentan con restricciones fundamentales. Los Project Managers a menudo hablan de "la triple restricción" que se representaba normalmente en forma gráfica con un triángulo y en cada uno de sus vértices los principales factores que afectan a un proyecto:

- Alcance
- Tiempo
- Costo

Sin embargo, con el tiempo se fue perfeccionando y agregando otros factores que también afectan el resultado de un proyecto como la Calidad, los Recursos Humanos y los Riesgos.

Los factores mencionados anteriormente afectan al proyecto a la hora de gestionar los requisitos concurrentes del mismo. La relación entre estos factores es tal que si se cambia cualquiera de ellos, se ve afectado por lo menos otro de los factores.

Hace un tiempo vi un cartel que me llamó la atención y decía: "Nosotros ofrecemos tres servicios: Bueno, Barato y Rápido. Puede seleccionar dos. Bueno y Barato no va a ser Rápido. Bueno y Rápido no va a ser Barato. Rápido y Barato no va a ser Bueno." Quizás cause un poco de gracia verlo expresado de esta manera, pero son las restricciones que están en juego y que deben ser equilibradas.

Tengamos en mente el siguiente ejemplo: Imaginemos que contratamos un albañil para levantar parte de una pared perimetral en un terreno. Definimos que lo que se necesita es construir una pared de 100 mts de largo por 2 mts de altura, de ladrillo común y con revoque grueso.

A medida que avanza la obra nos damos cuenta que la pared original no está en buenas condiciones y convendría tirar abajo la misma para construir la totalidad del perímetro, extendiéndose finalmente a un total de 140 mts.

Es evidente que aquí definimos un cambio en el alcance, ¿cuál fue el cambio? Demoler 40 metros más de pared y construir una nueva, con sus correspondientes implicancias, como ser volquetes para sacar los escombros, más mano de obra y materiales, entre otras cosas.

Si analizamos los factores, al menos se ve afectado el costo. ¿El tiempo? Depende, si ponemos más recursos que puedan hacerlo en el mismo tiempo quizás no. Y así sucesivamente con el resto de los factores. Es un juego al que el Project Manager deberá aprender a jugar: nivelar las restricciones.

3.5. El Project Manager

El PM ó Project Manager (Gerente del Proyecto) es la persona responsable de alcanzar los objetivos del proyecto.

Las principales responsabilidades del Gerente de Proyecto son:

- Conocer y aplicar la metodología de Gestión de Proyectos que utiliza la compañía/organización para la cual está trabajando.

- Gestionar los recursos (RRHH e infraestructura) del proyecto para alcanzar los objetivos planificados.
- Equilibrar las demandas concurrentes de alcance, tiempo, costos y calidad según el contrato/oferta establecido con el Cliente.
- Manejar las inquietudes y expectativas de los diferentes stakeholders. (Clientes, Proveedores, Partners, Sponsor, Usuarios, Áreas internas de soporte, etc).
- Gestionar los cambios requeridos en el proyecto a través del procedimiento establecido para la Gestión de Cambios.
- Identificar y gestionar los riesgos del proyecto.
- Disponer una fluida Comunicación entre todos los involucrados en el proyecto.
- Documentar la Gestión del Proyectos.
- Reportar periódicamente el status del proyecto a la PMO (en caso que existiera) o al nivel que corresponda dentro de la organización.

Un Project Manager trabaja en un ambiente donde:

- Tiene competencias específicas en gestión de proyectos, no en un tema específico.
- Tiene visibilidad global de todo el proyecto.
- Es corrientemente involucrado en los proyectos, según la definición detallada anteriormente.
- Es mayormente involucrado en las etapas de "planeamiento" y "construcción" del proceso de negocio.

En comparación:

- los Service Managers son mayormente involucrados en la etapa de "funcionamiento" del proceso de negocio.
- los Ingenieros, los Técnicos y/o los Consultores son solamente involucrados en temas específicos.

El Project Manager es responsable ante el Steering Committee por la gestión del proyecto, los resultados, el presupuesto y la calidad. En caso de que el proyecto no cuente con Steering Committee será responsable por los resultados ante el sponsor interno o quien lo haya asignado al mismo.

Un Steering Committee se forma normalmente para proyectos estratégicos o para aquellos que por su tamaño o complejidad sean considerados necesarios. Este comité ejecutivo deberá estar siempre informado y deberá dar soporte al Project Manager. El soporte del Steering committe es normalmente brindado en aquellos casos en donde se presenten inconvenientes que no pueden ser resueltos a nivel de gestión de proyecto pero sí a nivel político.

El PM es responsable por la asignación de los recursos del proyecto, tanto como el liderazgo profesional de los miembros del proyecto.

Hasta aquí hemos comentado acerca del rol, los objetivos y responsabilidades del Project Manager, pero ¿cuáles son las cualidades que debería tener un PM? Un Project Manager debería tener:

- Habilidades de gestión en general
- Buenas relaciones interpersonales
- Entendimiento del ambiente del proyecto
- Conocimientos de estándares y regulaciones del área específica

Un Project Manager trabaja dentro de una estructura organizacional y como tal debemos saber que las mismas facilitan la utilización de los recursos. Las estructuras organizacionales también establecen relaciones formales entre todos los participantes del proyecto, definen las relaciones de trabajo entre los miembros del equipo y especifican las comunicaciones jerárquicas para la toma de decisiones y órdenes.

Existen tres tipos de estructuras organizacionales: las llamadas funcionales, las matriciales y las proyectizadas.

- Las estructuras funcionales cuentan con una organización jerárquica, los recursos están agrupados por funcionalidad y la coordinación de las actividades es realizada a través de los gerentes funcionales.

- Las estructuras matriciales tienen un doble reporte por parte de los recursos, cuenta con un facilitador ó coordinador ó PM, según el caso y la coordinación es realizada a través del PM con sus correspondientes limitaciones.

- En una estructura proyectizada, la organización que se arma es específica para el proyecto, los recursos se encuentran abocados full time al mismo y existe un alto nivel de autoridad ejercida por el PM.

En una empresa se presentan principalmente tres niveles de trabajo, el gerencial, el nivel de mandos medios y el nivel operativo.

El nivel gerencial está focalizado a la definición de la estrategia del negocio, el de mandos medios a la planificación y control y el operativo a la ejecución de las tareas. A través de estos niveles se pretende alcanzar los resultados esperados por el negocio.

El rol de la conducción en el Management es el esfuerzo aplicado a planificar, organizar, controlar y evaluar a fin de asegurar el logro de los resultados con y mediante otras personas. Es la capacidad de "hacer hacer".

El desafío actual de la conducción es desarrollar procesos y habilidades para que las personas a cargo puedan, sepan y quieran alcanzar resultados efectivos. La función de la conducción es la suma de la supervisión y el liderazgo.

Supervisar es el trabajo sistemático dedicado a comunicar, asignar tareas, delegar, controlar procesos y evaluar resultados del trabajo. Liderar es lograr que las personas se involucren, esto brinda un valor agregado basado en el compromiso para el alcance de los resultados.

Liderar es el proceso que consiste en dirigir y orientar las actividades de los miembros de un equipo hacia objetivos específicos. También podría decirse que es la habilidad de influir sobre las personas y encausar sus esfuerzos hacia el logro de resultados.

Ser líder es influir en las emociones, no en los conocimientos. El líder debe contar con un conjunto de habilidades hard y soft. Para gestionar el desempeño necesita contar con conocimientos de las tareas, los procesos, las normas, los objetivos y los resultados. Para gestión de la conducta debe contar con una madurez emocional de autoconocimiento, empatía, comunicación, honestidad y humildad. A través de estas habilidades es que el líder podrá lograr que las personas a su cargo puedan, sepan y quieran llevar a cabo las actividades a desarrollar en el proyecto a su cargo.

Siempre me gusta imaginar al Project Manager como el Director de una orquesta. Éste dirige la batuta para que los músicos toquen sus instrumentos en el momento y forma adecuados, para obtener como resultado una hermosa sinfonía. Seguramente el Director de orquesta primero se desarrolló en algún instrumento o varios de ellos en particular. También debe haber tenido la experiencia de interpretar los mismos en alguna orquesta. De esta forma, contando con la experiencia de tocar algunos instrumentos en particular y como dirigir en general, el director puede integrar y coordinar el esfuerzo de todos los músicos para obtener un resultado, una sinfonía. De la misma manera un Project Manager no necesita contar con la experiencia de todos y cada uno de los recursos a cargo, sino contar con las habilidades y conocimientos que permitan liderar al equipo e influir sobre los stakeholders.

3.6. La PMO

La PMO (Project Management Office) es una unidad organizacional que provee funciones de soporte de gestión de proyectos, en forma de entrenamiento, herramientas, políticas, estándares y procedimientos. Una buena PMO debería basar sus principios de la gestión de proyectos sobre las mejores prácticas de mercado, como por ejemplo el uso del PMBOK®.

La oficina de gestión de proyectos aparece como una alternativa de solución para mejorar el proceso de asignación de recursos a los proyectos, ayudar que los proyectos mantengan el presupuesto y sean finalizados en el tiempo y con el alcance definido y mejorar la comunicación.

Existen distintos tipos de PMO de acuerdo al tamaño y estructura de empresa, como ejemplo puede ser una unidad de la cual dependan los PMs o cuente con una función cross brindando soporte a los mismos.

En mi experiencia con las Oficinas de Gestión de Portfolio y Proyectos de IT puedo decir que el trabajo se focaliza en tres ejes principales:

- metodología y herramientas,

- los recursos humanos y

- el portfolio de proyectos.

Metodología y Herramientas: Contar con las mejores prácticas del mercado es uno de los puntos claves para lograr un entendimiento común entre los profesionales involucrados en un proyecto y no dejar nada librado al azar.

El trabajo asociado a la implementación de una nueva metodología en una compañía no es trabajo fácil, siempre hay resistencia al cambio, y más en estos temas. Por tal motivo, debe tratarse como un proyecto en sí mismo, involucrando a los stakeholders y cubriendo sus expectativas. Como punto de partida se deberá evaluar los procesos actuales ó "As Is" y a los cuales quiere llegar ó "Should be". De estas dos situaciones podrá obtener el Gap análisis, es decir el análisis de lo que falta. Una vez obtenido dicho Gap se deberá definir un plan de acción o roadmap acorde al volumen correspondiente a la empresa.

Dentro de la Metodología hay dos temas claves, que son la Política y los Procedimientos. Como ejemplo de una buena práctica para establecer la Política y Procedimientos de la compañía respecto a la Gestión de Proyectos se toma como base la Metodología de Gestión de Proyectos del PMI y se realiza un tailoring asociado a la empresa/organización en la cual se implemente. Esto implica generar un framework o marco de trabajo que permita utilizar los procesos estandars y conocidos por los profesionales en el mercado pero que a su vez tenga particularidades propias del negocio que lleva adelante la organización.

La metodología debe ir acompañada de herramientas que permitan llevar a cabo los procesos definidos. Cuando hablamos de herramientas lo primero que pensamos es en un sistema informático que nos resuelva todo. Sin embargo, a pesar de que ello sería algo extraordinario pero muy alejado de la realidad, contamos con varias oportunidades de mejora previas para desarrollar la gestión, como ser la utilización de templates o técnicas especificas dentro de cada una de las áreas de conocimiento.

Recursos Humanos: ¡Son la clave! Sin ellos no hay proyecto que pueda llevarse a cabo, especialmente en Consultoras y Compañías de IT, donde los assets son las personas y su expertise. Generalmente las PMOs se encargan de la asignación de recursos a través del portafolio de proyectos de la compañía. Como valor agregado debería mantener a los mismos entrenados de tal manera que cuenten con el conocimiento especifico, tanto a través de certificaciones profesionales como en materia del negocio particular en el cual se desarrollará el proyecto. Por otro lado la PMO debería brindar el soporte necesario a los Project Managers en el caso de que lo requieran con inconvenientes que no puedan ser resueltos dentro del equipo de proyecto y que necesiten elevar a nivel político o de negocio.

Portafolio de Proyectos: Un portafolio de Proyectos está conformado por todos los Proyectos y Programas que lo integran. Cada uno de los proyectos podrán ser de diferente índole (aplicaciones, infraestructura y telecomunicaciones, etc), bajo diferentes tecnologías, encontrarse en diferentes estados (en análisis, en aprobación, pre-proyecto, ejecución, etc) pero todos deben monitorearse en forma integral.

Así como el Project Manager tiene una visión integral sobre su o sus proyectos asignados a él en particular, la PMO debe tener una visión integral sobre todo el portafolio de proyectos de la organización.

Es clave el seguimiento del portafolio a través de KPIs (Key Performance Index) ó Indicadores de Performance. Esto dará alerta temprana sobre posibles desvíos y así trabajar sobre análisis y acciones preventivas o correctivas no solo sobre un proyecto en particular sino sobre el portfolio en general, con definiciones de prioridades y asignaciones de presupuesto, entre otras cosas.

En general, las PMOs cuentan con un tablero de control que permite obtener información variada, desde en qué estado se encuentran los proyectos dentro del portafolio (backlog, ejecución, implementados) hasta el detalle de semáforos sobre los diferentes indicadores que se definen (alcance, costo, tiempo, etc). Por ejemplo podríamos ver qué proyectos se encuentran con overrun, esto es todos aquellos proyectos que están gastando a la fecha más que el presupuesto planificado. Al tener esta información, la PMO debería realizar en conjunto con el Project Manager asignado a su proyecto un análisis de overrun y tomar las acciones correctivas pertinentes. El tablero de control, ya sea en un Excel o en un sistema específico, permite trabajar sobre Focos de Atención que no podrían visualizarse fácilmente sin él dentro de un portafolio de por ejemplo 100 proyectos.

Acciones adicionales como la realización de Q-Gates sobre proyectos (compuertas de calidad) o realización de encuestas también pueden ser realizadas por los profesionales de la Oficina de Gestión de Proyectos.

3.7. El PMI

El PMI ó Project Management Institute es una institución fundada en 1969 en EEUU por y para profesionales de gestión de proyectos. Esta institución ha desarrollado una metodología que ha permitido con su aplicación garantizar el éxito de innumerables proyectos en más de 120 países.

Sumado a ello, el PMI otorga una certificación profesional que es cada vez más reconocida y demandada por profesionales y empresas como garantía de idoneidad, a nivel mundial. Dicha certificación se denomina PMP® (Project Manager Professional).

El PMI ha desarrollado estándares para la Gestión de Proyectos, los que junto a su programa de Certificación profesional han recibido el reconocimiento y aceptación de las principales entidades gubernamentales y privadas del mundo. La metodología de Gestión de Proyectos se encuentra en el manual de estándares conocido como PMBOK®.

Puede obtener más información del Instituto accediendo a su web site www.pmi.org.

3.8. El PMBOK®

PMBOK® significa Project Management Body of knowledge y es la guía que edita el PMI. El PMBOK® es "la biblia" de la Metodología de Gestión de Proyectos.

A medida que pasan los años, esta guía va evolucionando, acompañando las necesidades del mercado. Hoy se encuentra en su versión 5.

La gestión de proyectos se logra mediante la aplicación e integración de los procesos de la gestión de proyectos.

El PMBOK® define 47 procesos para la Gestión de Proyectos, estructurados en 5 grupos de procesos y 10 áreas de conocimiento.

Los 5 grupos de procesos son: Inicio, Planificación, Ejecución, Monitoreo y Control, Cierre.

- Inicio: Son todos los procesos definidos para la autorización formal del proyecto.
- Planeamiento: Son todos los procesos para realizar la planificación del proyecto.
- Ejecución: Son todos los procesos para ejecutar el proyecto.
- Monitoreo y Control: Son todos los procesos definidos para dirigir y controlar el proyecto.
- Cierre: Son todos los procesos que intervienen para realizar el cierre formal del proyecto.

Las 10 áreas de conocimiento son: Integración, Alcance, Tiempo, Costos, Calidad, Recursos Humanos, Comunicación, Riesgos, Compras, Interesados.

- Integración: El área de conocimiento de INTEGRACIÓN coordina los procesos de planeamiento, implementación y control de todas las áreas de conocimiento del proyecto.
- Alcance: El área de conocimiento de ALCANCE asegura que el servicio requerido es claramente definido, estructurado y provisto.
- Tiempos: El área de conocimiento de TIEMPOS define y monitorea el cronograma para todas las actividades planeadas para la provisión del servicio.
- Costos: El área de conocimiento de COSTOS define y monitorea los costos para todas las actividades e items de delivery planeados para la provisión del servicio.
- Calidad: El área de conocimiento de CALIDAD asegura que los requerimientos de calidad del servicio acordado son claramente definidos y cumplidos.
- RRHH: El área de conocimiento de RECURSOS HUMANOS asegura que la estructura de la organización del proyecto es definida y provista con recursos humanos apropiados.
- Comunicación: El área de conocimiento de COMUNICACIÓN provee a los stakeholders del proyecto la información requerida en tiempo y forma.

- Riesgos: El área de conocimiento de RIESGOS asegura que los riesgos del proyecto son identificados, analizados y que sean tomadas medidas de acción para reducirlos.
- Compras: El área de conocimiento de COMPRAS asegura que los servicios externos requeridos estén definidos, estructurados y procurados.
- Interesados: El área de conocimiento de INTERESADOS (STAKEHOLDERS) asegura que los mismos sean correctamente identificados, clasificados, y sean gestionadas sus expectativas.

4.   MAPA DE PROCESOS

De la relación entre los Grupos de Procesos y las Áreas de Conocimiento de Project Management surge la matriz que se presenta a continuación. La misma sirve como guía para identificar en qué lugar se encuentra cada proceso de gestión.

Los procesos detallados en la matriz no son secuenciales. Si se tiene en cuenta el ciclo de vida de un proyecto descubriremos que algunos procesos serán únicos, como por ejemplo el proceso de Desarrollo del Project Charter, mientras que otros podrán ser iterativos, como por ejemplo los correspondientes al Cronograma de Actividades.

En los próximos capítulos se explica cada uno de los procesos enunciados en la presente tabla.

Adicionalmente podrá encontrar material extra para bajar en forma gratuita en el sitio web www.facebook.com/cronicasdeprojectmanagement.

Grupos/ Áreas	Inicio	Planificación	Ejecución	Monitoreo y Control	Cierre
Integración	Desarrollo del Project Charter	Desarrollar el PGP	Dirigir y gestionar el trabajo del proyecto	Monitorear y controlar el trabajo del proyecto Realizar el control integrado de cambios	Cerrar el proyecto o fase
Alcance		Planificar el Alcance Recopilar requisitos Definir el Alcance Crear la WBS		Verificar el alcance Controlar el alcance	
Tiempo		Planificar el tiempo Definir las actividades Secuenciar actividades Estimar recursos Duración de actividades Desarrollar cronograma		Controlar el cronograma	
Costo		Planificar los costos Estimar los costos Presupuesto		Controlar los costos	

Grupos/ Áreas	Inicio	Planificación	Ejecución	Monitoreo y Control	Cierre
Calidad		Planificar la calidad	Asegurar la calidad	Controlar la calidad	
RRHH		Desarrollar plan RRHH	Adquirir el equipo Desarrollar el equipo Dirigir el equipo		
Comunicaciones		Planificar las comunicaciones	Gestionar las comunicaciones	Informar el desempeño	
Riesgos		Planificar la gestión de riesgos Identificar los riesgos Análisis cuantitativo Análisis cualitativo Respuesta a los Riesgos		Monitorear y controlar los riesgos	
Compras		Planificar las compras	Efectuar las compras	Administrar las compras	Cerrar las compras
Interesados	Identificar a los stakeholders	Planificar los stakeholders	Gestionar expectativas	Controlar stakeholders	

5.   INICIO DE UN PROYECTO

Todo tiene un inicio. ¿Pero cómo definir ese instante único? Tenemos una fecha de nacimiento. ¿Es allí donde iniciamos nuestra vida? Podríamos decir que sí, sin embargo hubo una fase previa de gestación y embarazo. Salimos de viaje. ¿Cuál fue el momento en que iniciamos el viaje? ¿Cuando se sube al vehículo? ¿Cuando se enciende el motor? ¿Cuando se preparan las valijas? ¿Cuando entramos en la ruta? Y así y todo hubo una fase previa de idea, de concepción de ese viaje y de planificación inicial. Podemos hacer aquí un brainstorming (tormenta de ideas) interminable, y lo mismo puede y suele pasar entre diferentes stakeholders en los proyectos de IT.

Este capítulo describe los procesos involucrados en el Grupo de Procesos denominado "Inicio".

5.1. Inicio formal de un Proyecto. Desarrollo del Project Charter.

Los proyectos son autorizados por alguien externo al mismo, como ser un Sponsor, un Steering Committee ó la PMO. La autorización formal se brinda a través de la confección y firma de un documento denominado Carátula de Proyecto ó "Project Charter".

El contenido principal del Project Charter es:

- Datos generales del proyecto -nro, nombre, tipo de proyecto, fecha, etc-
- Objetivo del Proyecto
- Requerimientos principales
- Supuestos y restricciones
- Responsabilidades del Project Manager.
- Stakeholders

Los objetivos del Project Charter son:

- Formalizar el Inicio del Proyecto.
- Designar y asignar formalmente al Project Manager, brindarle la autoridad y que éste acepte la responsabilidad de liderar el proyecto.
- Contar con un documento que rápidamente describa de que se trata el proyecto.

Se considerará que un proyecto está iniciado cuando se cuente con un Project Charter formalmente firmado. Para ello hay una fase previa de Deal o Pre-Proyecto y para poder elaborar el Project Charter se necesitará realizar el traspaso de información pertinente. La documentación de input generalmente son contratos, casos de negocio, análisis inicial de riesgos, supuestos y restricciones, análisis de requerimientos, documento inicial de alcance y toda la documentación técnica y financiera que se cuente hasta el momento.

Para la confección del Project Charter, donde el Project Manager pudo no haber estado involucrado previamente, se deberá revisar toda la documentación que se cuenta hasta el momento y detallar en un documento por separado la totalidad los supuestos y restricciones que se identifiquen en ese instante. Este documento tiene dos objetivos, por un lado poner en blanco y negro con los involucrados todo lo que está en una "zona gris" en los contratos pertinentes, por el otro permitirá al Project Manager tener una base para identificar riesgos.

Una amiga regresó muy contenta de Estados Unidos porque —entre otras cosas- había conseguido a muy buen precio unas sábanas. Cuando abrió el envoltorio se dio cuenta que no era un juego de sábanas sino una sola sábana. Resulta ser que en USA las sábanas se venden por separado, por un lado la sábana ajustable al colchón, por el otro la sábana para taparse y finalmente cada una de las fundas de las almohadas por su lado. Ella había supuesto que las sábanas se vendían al igual que en Argentina, el juego completo para la cama.

Cuando fui al cine en mi viaje a USA pedí unos pop-corns. Nunca terminé comiendo unos pop-corns tan salados. Yo había supuesto que se vendían dulces, azucarados, como en Argentina y no salados como se hace allí.

De los supuestos erróneos generalmente nacen la mayor cantidad de riesgos, es por ello que cuanto antes se documenten y se muestren a los involucrados evitaremos potenciales problemas futuros.

El documento de supuestos y restricciones es muy sencillo, debe describirse como supuesto (que estará disponible para poder desarrollar el proyecto) o como restricción (que no se podrá realizar en el proyecto si no se cuenta con ello) todo lo que esté en duda debido a que no está escrito en ninguna documentación previa a esta etapa. Como ejemplo supongamos que para que un docente brinde un entrenamiento, la universidad previamente debe haber registrado a los alumnos, dispuesto los medios necesarios (aula, proyector, etc), etc. Esto mismo podría registrarse como una restricción: el docente no podrá brindar el entrenamiento si la universidad no registro a los alumnos y no dispuso los medios necesarios. A su vez este supuesto/restricción servirá como base para un riesgo potencial, es decir que a medida que pase el tiempo está presente el riesgo de no tener a los alumnos registrados y los medios necesarios, por lo cual se podría monitorear y aplicar acciones de medida.

En esta etapa de asignación del proyecto, adicionalmente al documento de Supuestos y Restricciones es de suma importancia contar con la categorización que se haya definido para el mismo.

Existen diferentes variables para analizar la categoría de un proyecto. Desde el esquema más simple, como el que se muestra el ejemplo en la figura Nro 3, que compara el esfuerzo total en horas versus el presupuesto asignado al proyecto, hasta el que muestra el ejemplo de la figura Nro 4, que analiza una gran cantidad de variables para determinar su categoría.

Esfuerzo/Budget	< U\$S 10.000	< U\$S 50.000	> U\$S 100.000
< 160 hs	Pequeño	Pequeño	Mediano
< 3000 hs	Pequeño	Mediano	Grande
> 10000 hs	Mediano	Grande	Grande

Figura 3. Ejemplo de Clasificación de Proyectos

En medio de estos análisis que permiten categorizar un proyecto en Pequeño, Mediano y Grande, ó en tipo de Proyecto A, B, C u otro tipo de categorización, pueden intervenir distintas variables.

Las variables difieren de acuerdo al tipo de organización y proyectos que maneje. En el ejemplo de la Figura Nro 3 podría variar la cantidad de horas total de esfuerzo asociadas al proyecto o los valores del presupuesto asignado, incluso la categoría podría extenderse a cuatro tipos de proyectos o que tan solo sean dos.

Figura 4. Variables involucradas para categorizar proyectos

El objetivo de contar con una categorización de proyecto es ayudar a la gestión del mismo para ser más eficiente. Esto se logra utilizando solamente los procesos y documentación necesaria de acuerdo al volumen de trabajo para obtener el resultado, producto o servicio. De manera tal, que de acuerdo a la clasificación obtenida se realizarán ciertos procesos que no se necesitarían o que incluso podrían ser opcionales para otros.

Si nos remitimos al ejemplo de la Figura Nro 3 donde el proyecto tiene un esfuerzo menor a 160 hs no deberíamos llevar a cabo toda la documentación del 100% de los procesos de la Gestión de Proyecto. En dicho caso el costo de la gestión o esfuerzo en horas no tendría una buena relación respecto a su beneficio.

En la matriz a continuación se presenta un ejemplo de documentación relacionada según la categoría del proyecto obtenido:

Documento	Proyecto Pequeño	Proyecto Mediano	Proyecto Grande
Project Charter	Obligatorio	Obligatorio	Obligatorio
Documento de Stakeholders	Opcional	Obligatorio	Obligatorio
Matriz de clasificación	Opcional	Obligatorio	Obligatorio
SOW	Obligatorio	Obligatorio	Obligatorio
WBS	Opcional	Obligatorio	Obligatorio
Diccionario de la WBS	Opcional	Opcional	Obligatorio
Cronograma	Obligatorio	Obligatorio	Obligatorio
Plan de Calidad	Opcional	Obligatorio	Obligatorio
Quality Gates	Opcional	Obligatorio	Obligatorio
Plan de comunicaciones	Opcional	Obligatorio	Obligatorio
Plan de Compras	Opcional	Obligatorio	Obligatorio

Documento	Proyecto Pequeño	Proyecto Mediano	Proyecto Grande
Plan de Riesgos	Opcional	Obligatorio	Obligatorio
Planilla de Costos	Opcional	Obligatorio	Obligatorio
RBS	Opcional	Obligatorio	Obligatorio
RACI	Opcional	Opcional	Obligatorio
Directorio de RRHH	Opcional	Opcional	Obligatorio
PGP	Opcional	Opcional	Obligatorio
Presentación Kick Off	Opcional	Obligatorio	Obligatorio
Issue Log	Obligatorio	Obligatorio	Obligatorio
Reporte de Status	Obligatorio	Obligatorio	Obligatorio
Conformidad Servicio	Obligatorio	Obligatorio	Obligatorio
Minutas de reunión	Obligatorio	Obligatorio	Obligatorio
Requerim. de cambio	Obligatorio	Obligatorio	Obligatorio
Lecciones Aprendidas	Opcional	Obligatorio	Obligatorio
Encuestas Satisfacción	Opcional	Opcional	Obligatorio
Informe de Cierre	Opcional	Obligatorio	Obligatorio

Figura 5. Documentación por tipo de Proyecto

Hay algunos documentos que serán obligatorios utilizar si aplican. Por ejemplo, es obligatorio elaborar un documento de requerimiento de cambio si se necesita realizar un cambio en el proyecto.

Relacionado a la categoría del proyecto también se deberá tener en cuenta que tipo de Project Manager y en qué cantidad de horas asignar al mismo.

Cuando menciono que tipo de Project Manager me refiero al seniority con el que cuenta el mismo y al tipo de tecnología con que este mas familiarizado, así también como el conocimiento que tenga respecto a la industria. No es lo mismo asignar un Project Manager Junior a un Proyecto de categoría pequeña y de bajo riesgo que a un Proyecto core del negocio, grande y cuyas variables sean de alta complejidad.

Por otro lado hay que definir la cantidad de esfuerzo del Project Manager sobre el proyecto en cuestión. Hay una teoría que dice que el esfuerzo a aplicar del PM sobre el proyecto debe ser de entre el 10% al 18% del esfuerzo total de todos los recursos sobre el mismo.

Como ejemplo, si un proyecto suma 15000 hs de trabajo entre todos sus recursos (incluso si son externos, como ser contratados) el PM debería intervenir al menos en 1500 hs distribuidas en la duración total del proyecto. Esto implica que si el proyecto durara un año, el PM debería estar asignado al menos 125 hs por mes en dicho proyecto. Algunas compañías definen un % sobre el tipo de categoría del Proyecto, por ejemplo, en un proyecto menor el PM sería asignado el 20% de su tiempo, en un proyecto mediano sería asignado el 50% de su tiempo, mientras que en un proyecto mayor estaría asignado al 100%.

5.2. Tanteando el terreno, Identificación de Stakeholders

Los stakeholders son personas u entidades afectadas directa o indirectamente por la realización del proyecto. Ejemplo de ello son los patrocinadores o sponsors, los clientes, nuestro propio equipo de trabajo, equipos de soporte, los proveedores, el público en general, etc.

Estos stakeholders pueden estar involucrados activamente o no y pueden afectar el proyecto tanto positivamente como negativamente.

Imaginemos que tenemos que implementar un sistema de repuestos para una empresa automotriz en el país NN. ¿Quiénes serían los stakeholders? El sponsor que patrocina nuestro proyecto, la empresa automotriz como cliente en general, el key user y usuarios del futuro sistema como cliente particular, los gerentes que intervienen en los procesos en el cual el sistema actúa, nuestro equipo de trabajo, el proveedor de infraestructura, los concesionarios que intervengan en el proceso de repuestos, el cliente final que recibirá el repuesto, la PMO, y los gerentes funcionales, entre otros.

La primer acción a realizar es identificar a los involucrados, luego clasificarlos, para finalmente poder gestionar sus expectativas y que afecten positivamente el proyecto de manera de poder cumplir con los objetivos planteados.

Los niveles de responsabilidad y autoridad de los stakeholders varían, incluso pueden cambiar durante el ciclo de vida de un proyecto. Las mismas pueden ir desde una simple consulta a un soporte político o financiero del proyecto.

Una vez identificados los mismos debemos determinar su grado de influencia sobre el proyecto. La identificación de los stakeholders puede tornarse tan crítica que si por ejemplo reconociéramos en forma tardía uno de ellos con gran influencia podría afectar fuertemente los resultados del proyecto.

Tomemos el ejemplo la implementación de un sistema en una red de sucursales de XYZ. Para ello se definió y comenzó a trabajar en un proyecto, el cual ya en marcha y avanzado y al momento de comenzar con el deployment del sistema, la "comisión de sucursales" se opuso a su lanzamiento. Esto dio como resultado una demora en la finalización del proyecto en más de un año, con costos extras y negociaciones con la comisión durante todo ese período. ¿Era la comisión un stakeholder? No se había tenido en cuenta y realmente era un interesado. No se podía pasar por encima de la comisión para llegar a las sucursales. A pesar de que esta comisión no invertiría dinero, ni definiría el alcance del sistema, ni otra actividad de aparente importancia, perjudicó el avance del proyecto, mientras que si se la hubiera identificado desde el principio y se la hubiera informado e involucrado positivamente seguramente los resultados hubieran sido distintos.

Un proyecto puede ser percibido positiva o negativamente por los stakeholders. Algunos se benefician con los resultados de un proyecto, mientras que otros perciben impactos negativos.

Imaginemos que una Municipalidad ha recibido durante años las quejas de los vecinos por un cruce ferroviario que siempre tuvo problemas, tanto con las demoras para cruzar, como por el servicio de las barreras, etc. La entidad consigue el patrocinador y el presupuesto necesario para crear un paso bajo nivel y comienza su promoción. La mayoría de los vecinos están a favor, pero algunos de ellos, los que viven sobre la calle en la cual se constuiría el paso bajo nivel (túnel) comienzan a quejarse justificándose que todos los vehículos -no solo los que cruzaban por esa barrera- pasarían frente a sus casas, creando un colapso en el tráfico, con el correspondiente perjuicio de incremento en el nivel de ruido y smog, perjudicial para la salud.

Una de las responsabilidades del Project Manager es manejar las expectativas de los stakeholders. El ejemplo anterior, podría no parecer tan grave, pero hay otros casos donde nos podemos encontrar con múltiples stakeholders que pueden ser muy diferentes y conflictivos ya que cada uno tiene distintos objetivos. Parte de la responsabilidad del Project Manager es balancear estos intereses y asegurar que el equipo de trabajo interactúe con los interesados en una forma cooperativa y profesional.

A continuación se detallan ejemplos de algunos stakeholders:

- Project Manager: Son asignados al proyecto para cumplir los objetivos del mismo.

- Equipo de trabajo: El equipo de trabajo ó Project Team son normalmente los recursos internos que responden a las directivas del Project Manager en forma directa y que ejecutan las actividades del proyecto para obtener los entregables. Este "equipo de trabajo" formará parte de una organización transitoria desde que comienza el proyecto hasta que termina. Una vez finalizado, los recursos serán liberados. Los recursos durante el ciclo de vida del proyecto podrán estar asignados un 100% ó un menor porcentaje de acuerdo a la necesidad propia del proyecto, los recursos disponibles y el tipo de organización (funcional, matricial o proyectizada).

- Gerentes funcionales: Estos gerentes son los que tienen a cargo en forma directa los recursos del "equipo de trabajo" pero en forma permanente. Los gerentes funcionales proveen recursos y servicios al proyecto.

- Proveedor/Partners: Los proveedores, partners o subcontratistas son empresas externas que a través de un contrato acordado provee partes o subcomponentes al proyecto, ya sean productos o servicios.

- Sponsor: Es la persona o grupo que provee recursos financieros al proyecto. Éste juega un rol significativo en el desarrollo del alcance inicial.

- PMO: La oficina de gestión de proyectos ayuda o realiza la asignación de recursos, brinda soporte y monitorea la ejecución del mismo.

- Cliente/Usuarios: Los clientes y usuarios son las personas u organizaciones que utilizarán el producto y/o servicio que se obtenga como resultado del proyecto. Los clientes pueden ser internos o externos y puede haber de varios niveles.

6.   PLANIFICANDO

Todos hemos y seguiremos participando de proyectos. En uno u otro rol. Consciente o inconscientemente. Todos hemos formado parte de un proyecto familia. Algunos proyectaron ir de viaje a otro continente, otros emprender un negocio, poner en escena una obra de teatro, mudarse, casarse. Todos son proyectos y todos requieren de una planificación.

En IT es similar, aunque seguramente se utiliza alguna herramienta de tecnología (como por ejemplo un Excel, MS-Project ó Primavera). Probablemente aquí se elabora un diagrama de Gantt ó diagrama de barras. Se detallan las actividades para el desarrollo del proyecto, se secuencian, identifican precedentes y se agregan los responsables de quien llevara a cabo cada una de ellas. ¿Eso es el plan de un proyecto? ¡La respuesta es "no"!. Eso es una parte del plan de un proyecto, principalmente la parte que corresponde al área de conocimiento de tiempos.

La mayoría de los que comienzan a trabajar con una metodología de gestión también comienzan a diferenciar entre lo que es un plan de tiempos o cronograma y lo que es el plan del proyecto en su totalidad. ¿No va a planificar los riesgos? ¿Y las comunicaciones? ¿y los recursos? ¿y tantas otras cosas?

Muchos son escépticos y dicen no creer en la planificación, pero a medida que sumo experiencia, cada vez estoy más convencido de que se necesita planificar y cuanto mejor planifiquemos mejores resultados vamos a obtener. ¿Qué pasaría si comenzamos a construir una casa sin tener un solo plano? ¿Cuantos retrabajos y problemas podríamos llegar a tener? Seguro que muchos más que contando con la planificación.

Una vez comenzado el proyecto o desarrollo de solución se tiende a querer minimizar o incluso hasta saltear la etapa de planificación. ¡Grave error! Es ahí cuando visualizamos la ruta que vamos a tomar, como vamos a llegar a aquel destino deseado. Nadie tomaría una ruta que no sabe a dónde termina, ni en qué estado se encuentra, ni que distancia recorre.

Para llegar a destino tendríamos nuestro mapa, trazaríamos la ruta a tomar y transitando cada uno de los tramos que planificamos, mantendríamos el mapa a nuestro lado para seguir chequeando y manteniendo la dirección adecuada. En caso que haya desvíos recalcular la ruta para tomar las acciones que hicieran falta.

Al desarrollar nuestra planificación debemos ser realistas, no queda otra opción. No podemos quedarnos sin combustible a mitad de camino porque no chequeamos donde estaban las estaciones de servicio, o querer acortar tanto el tiempo que implicaría viajar a 500 kms por hora. Alguna vez escuché que por más que juntemos muchas mujeres... el hijo nacerá en nueve meses.

Ya en camino debemos ser fieles a nuestra planificación. Cumplir con lo que corresponde y nada más de lo que corresponde. Pero debemos saber que en el camino puede haber cambios y no sólo deberemos chequear nuestro plan original sino que podremos actualizarlo, tantas veces se necesite y siempre y cuando pase por el correspondiente proceso de cambios.

Este capítulo describe los procesos involucrados en el Grupo de Procesos denominado "Planificación".

6.1. ¡El Plan de Planes! Desarrollo del PGP.

Una vez finalizada la etapa de inicio, la primer actividad de planificación que debe realizar un Project Manager es confeccionar el "Project Management Plan". El mismo es el "Plan de planes". En él se define como el proyecto será ejecutado, monitoreado, controlado y cerrado.

Es un tailoring de la metodología. La metodología de Project Management cuenta con procesos, herramientas y técnicas. Pero ¿todas ellas aplican a todos los Proyectos? La respuesta es no. Por ejemplo, si tuviéramos el caso de un proyecto donde no realizamos compras no utilizaríamos los procesos, herramientas y técnicas del área de conocimiento de Compras. Es por ello que en el Project Management Plan detallamos cuales son los componentes de la metodología que vamos a utilizar para el proyecto en particular. Por lo que -a priori- deberemos evaluar el caso y definir qué vamos a utilizar.

Imaginemos a la metodología como un inmenso tablero de herramientas que cuenta con todas las herramientas que existen. Si nuestro proyecto es solamente instalar una fotocélula eléctrica para que se encienda la luz de mi porche cuando oscurece, es evidente que no voy a utilizar todas las herramientas de ese tablero. Es entonces el momento en que podré determinar que, cuándo y cómo voy a utilizar los elementos del tablero.

La categoría de un proyecto ayuda y facilita la preparación de PGP, ya que indica de antemano que componentes de deben utilizar.

A continuación se presenta -a modo de ejemplo- un Project Management Plan para un proyecto genérico del negocio de IT, en donde se detallan que actividades se realizarán por cada una de las áreas de conocimiento del Project Management:

ALCANCE			
Actividad	Método	Término	Herramientas
Definición del Alcance	Reuniones con los recursos y clientes. Desarrollo y presentación de la documentación a los stakeholders.	Durante la etapa de inicio y planificación.	Enunciado de alcance, WBS, Descripción de los paquetes de trabajo
Reporte de Status de Resultados del Trabajo	Reunión de Status con el equipo de trabajo	Semanal	Minuta de Status y Open Issues

ALCANCE			
Actividad	Método	Término	Herramientas
Procedimiento para liberar releases (liberación de los trabajos finalizados)	Ante la aprobación en testing por parte del Cliente	Al finalizar las etapas de testing	
Procedimiento de aceptación por parte del Cliente	Presentación y firma del documento de aprobación	Al finalizar cada entregable definido en la WBS e informado en el TLR	Conformidad de Servicio
Procedimiento de aceptación para servicios subcontratados	Verificación interna de la solución y con el Cliente (en el caso que corresponda)	Ante la finalización de un entregable por parte del subcontratado	Contrato con el proveedor, Plan de Compras
Cierre del Proyecto	Presentación y firma del documento de aprobación final	Al finalizar el proyecto	Conformidad de Servicio
Identificación de cambios	Comparación de trabajo vs plan de Alcance	Ante solicitudes del Cliente y/o requerimientos internos	Enunciado del Alcance WBS Descripción de Paquetes de Trabajo
Aprobación de cambios	Desarrollo de Formulario de Requerimiento de Cambio (Definición del cambio en el alcance, impacto económico, en tiempos, etc.), presentación y aprobación por parte del Cliente.	Ante identificaciones de cambios en el alcance	CRF

ALCANCE			
Actividad	Método	Término	Herramientas
Integración de cambios	Inclusión de los cambios en el Enunciado de Alcance, WBS, Descripción de Nuevo paquete de trabajo, inclusión en el plan de plazos y reportes afectados. Asignación de la nueva actividad a los recursos afectados.	Ante una aprobación de cambio por parte del Cliente. (Formulario de Requerimiento de Cambio firmado).	Enunciado de Alcance, WBS, Descripción de Nuevo paquete de trabajo, Plan de plazos, TLR

TIEMPOS			
Actividad	Método	Término	Herramientas
Estimación de horas de trabajo (esfuerzo)	Según lo definido con el arquitecto/consultor	En la planificación	Planilla de estimación XYZ
Confección del cronograma	Descomposición en actividades de los paquetes de trabajo definidos, secuenciamiento, recursos asociados, duración estimada.	En la planificación y actualización periódica hasta la finalización del proyecto.	PERT MS Project
Análisis de varianzas de tiempo	Comparación del baseline (cronograma original) vs avances realizados en el trabajo.	Semanalmente	MS Project
Compresión del cronograma	Ver técnicas de compresión	Ante requerimientos y/o por atrasos	MS Project

COSTOS			
Actividad	Método	Término	Herramientas
Planning de Costos	Verificación de costos imputados en el sistema de la compañía vs Costos planificados	Según lo definido en la oferta y por cada requerimiento de cambio aprobado	ERP Documento financiero costos del proyecto
Análisis de varianzas de costos	Verificación de costos imputados en el sistema (Actual vs Plan)	Mensualmente (tener en cuenta también los requerimientos de cambio aprobados).	Sistema de costos
Análisis de varianzas de esfuerzo	Verificación de hs planificadas vs hs imputadas en el sistema	Semanalmente	Sistema de Imputación de horas
Reporting de desvíos	Enviar un email Finanzas informando potenciales desvíos de costos.	Al detectar un desvío potencial	

CALIDAD			
Actividad	Método	Término	Herramientas
Encuesta de satisfacción al Cliente	Revisión por pares	Al finalizar cada etapa del proyecto	Encuesta de Satisfacción
Monitoreo de Medidas de Calidad	Realización de check lists con la PMO	Al ser asignado como PM del proyecto, al finalizar la planificación, durante la ejecución, al cierre del proyecto	Plan de calidad Planillas de check list de calidad Q-Gates
Ejecución de Auditorías	Realizado por el Departamento de Calidad	A requerimiento de la compañía	

RRHH			
Actividad	Método	Término	Herramientas
Definición del equipo	Juicio de expertos	En la planificación	Roles y Responsabilidades RAM (Matriz de actividades/responsables) RACI (Matriz Responsible, Accountable, Consulted, Informed)
Adquisición de Recursos	Búsqueda interna de recursos. Verificación de disponibilidad con los Team Leaders. En caso de no contar con disponibilidad de los mismos solicitar los recursos a RRHH a través del proceso de Recruiting.	En la planificación	Documento de posición a cubrir (en el caso de ser externo a la compañía)
Asignación de las tareas a los recursos	Firma por parte del recurso de la descripción del paquete de trabajo	En la planificación	WP Description (Descripción del paquete de trabajo)
Integración de los empleados al equipo del proyecto	Métodos de team building (reuniones, war-room, almuerzos, workshops, trainings, etc)	A requerimiento	
Cambios en el equipo de trabajo	Negociación con team leaders por recursos y/o búsqueda externa a través de RRHH. Know how transfer.	Ante reasignaciones ó perdida de miembros del equipo del proyecto	Documento de contratación de recursos (en caso de ser un recurso externo) Actualización de RBS, RAM y PTD
Desasignación de recursos	Desasignación del paquete de trabajo	En la etapa de cierre y/o a requerimiento	WPD, RBS, RAM y PTD

COMUNICACION			
Actividad	Método	Término	Herramientas
Desarrollo del plan de comunicación	Descripción de las necesidades y medios de comunicación. Tipos de comunicación de acuerdo a stakeholders.	En la planificación y actualizaciones necesarias hasta el fin del proyecto	Plan de Comunicación
Reporting interno	Confección y envío de reporte a la PMO	Periodicamente	Reporte de KPIs
Reporting al Cliente	Confección y envío de reporte al Cliente	Semanalmente	Traffic Light Report y toda documentación definida en el plan de comunicación (minutas, etc)
Marketing del proyecto	Newsletters, Diarios y Revistas	Antes del lanzamiento	Empresa de Marketing
Publicación de la documentación	En el recurso ABC	Al actualizar cada documento	Recurso ABC

COMPRAS			
Actividad	Método	Término	Herramientas
Especificación de los bienes, servicios y alcances del trabajo a contratar	Detalle de las necesidades evaluadas para la realización del proyecto	En la planificación del proyecto	Plan de Compras
Creación de RFP (ó solicitud de cotizaciones a proveedores)	A través del Dpto de Compras	Inmediatamente posterior a la especificación	Plan de Compras Sistema de evaluación de proveedores
Evaluación de proveedores	Short List de Compras Juicio de expertos En conjunto con el Dpto de Compras	15 días a partir del cierre de la RFP	Plan de Compras
Emisión de Nota de Pedido	A través del Dpto de Compras	ASAP se seleccione el proveedor	Plan de Compras
Control de proveedores	Follow up actividades de proveedores	Periódicamente	Minutas, emails Sistema de evaluación de proveedores

COMPRAS			
Actividad	Método	Término	Herramientas
Liberación de proveedores	Conformidad por los servicios prestados Evaluación del proveedor Cierre de contrato	Al finalizar los servicios	Sistema de evaluación de proveedores

RIESGOS			
Actividad	Método	Término	Herramientas
Desarrollar el Plan de Riesgos	Identificar riesgos, clasificarlos cualitativa y cuantitativamente, definir % de ocurrencia, definir acciones de mitigación	En la planificación y actualizaciones ante cambios en los riesgos hasta la finalización del proyecto	Matriz de Riesgos
Análisis de status de los riesgos y aplicación de medidas	Involucrar a los stakeholders. Revisar la estrategia de gestión de riesgos, participar en la identificación de los riesgos, analizando y definiendo respuesta a los riesgos, comunicando y reportando el status de la gestión de riesgos.	Semanalmente	Matriz de Riesgos

INVOLUCRADOS			
Actividad	Método	Término	Herramientas
Identificar involucrados	Identificar principales involucrados, y consultar por los demás	Al inicio del proyecto	Matriz de stakeholders
Análisis detallado de stakeholders	Clasificación de stakeholders a traves de su grado de interés y poder o influencia sobre el proyecto	En la planificación y actualizaciones necesarias hasta el fin del proyecto	Matriz de stakeholders Matriz de valoración
Influenciar involucrados	Definir acciones de acuerdo a evaluaciones de áreas de interés	En la planificación y actualizaciones necesarias hasta el fin del proyecto	Matriz de stakeholders

6.2. Planificar el alcance

Este proceso tiene por finalidad el armado de un plan exclusivo de que es lo que tendrá el proyecto a nivel alcance y que es lo que queda excluido del mismo. En el PGP descrito previamente se detalla un ejemplo de Planificación de Alcance.

6.3. Recopilando requisitos

Este proceso tiene por objetivo definir y documentar las necesidades de los stakeholders para cumplir los objetivos del proyecto.

Generalmente el éxito de un proyecto se ve influenciado por el cuidado que se pone en identificar los requerimientos. Éstos deben ser analizados y documentados de manera de poder monitorearlos durante la ejecución del proyecto. Es éste el momento donde definimos y comenzamos con la gestión de las expectativas de los stakeholders.

Si recordamos la introducción de este libro, comenté acerca de la importancia de los stakeholders y de que pueden jugar a favor y en contra. Recordemos el caso del proyecto de construir un túnel en el lugar del paso a nivel. ¿No sería entonces un buen momento para identificar, involucrar y manejar las expectativas de todos los stakeholders desde esa primera instancia? Al estar involucrados seguramente jugarán a favor de nuestro equipo ó al menos no en contra.

Básicamente para poder realizar este proceso deberemos basarnos en el Project Charter y en la Identificación de los Stakeholders, procesos descritos previamente en este libro. A través de entrevistas, reuniones, workshops, cuestionarios o alguna otra técnica obtendremos como resultado un documento que detalle las expectativas de los stakeholders y un plan de gestión de las mismas.

Cabe aclarar aquí un punto no menos importante, debemos identificar tantos las expectativas relacionadas con el resultado, como ser temas técnicos, de seguridad, de performance, como así también las expectativas propias de la realización del proyecto. Sumado a todos los procesos incluidos en la metodología, las expectativas de los stakeholders pueden ser tan variadas como la naturaleza misma. Ejemplo de ello, es que ante un mismo proyecto tendremos stakeholders que esperan que nos sentemos frente a ellos en forma semanal a contarles el status del proyecto mientras que otros sólo esperaran un reporte quincenal por email u otros en forma diaria.

6.4. Definición del Alcance

Hace unos días atrás, en varios medios de comunicación, apareció una noticia sobre un veredicto que obligaba a Samsung a pagar una cifra multimillonaria de dólares a Apple por violar algunas patentes de diseño, y que la compañía surcoreana había decidido hacerlo enviando 30 camiones llenos de monedas de 5 centavos a las oficinas de Apple! Esta noticia, parece que fue posteriormente desmentida, sin embargo podría haber sido cierta si no hubiera estado bien definida la forma de pago.

Parte clave de un buen arranque en un proyecto es la definición del alcance del mismo. Por más que se haya pasado previamente por una etapa de Deal, en donde seguramente contaremos con una oferta o contrato en donde se detalla el alcance del proyecto, éste es el momento de desarrollar una descripción detallada del producto resultante y del proyecto en sí mismo.

Para el desarrollo del enunciado de alcance se debe tomar como base la documentación desarrollada en la etapa de inicio. Tanto el Project Charter, como la documentación de handover que fue recibida de la etapa previa al comienzo del proyecto será de utilidad para el análisis y desarrollo del mismo. Se deberá clarificar todo entregable. Recordando la definición de Proyecto, a través de la realización del mismo se obtienen productos "entregables" únicos. Ejemplo de ello podemos son módulos del sistema, un documento, un entrenamiento, etc. También se deberá trabajar analizando aún en mayor detalle las restricciones y supuestos identificadas anteriormente. Tanto las restricciones como supuestos podrán pasar a formar parte de los riesgos del proyecto.

En esta instancia –si no está hecho con anticipación-, se elabora un documento denominado SOW cuyas iniciales provienen de Statement of Work (enunciado del trabajo). En el mismo se debe describir claramente el trabajo a realizar. Generalmente, este documento puede variar de acuerdo a la organización que estemos trabajando, sin embargo en general es una descripción en forma de texto con el detalle del trabajo a realizar en el proyecto.

6.5. Organizando la estructura de trabajo

¡Ahora sí! Llegamos a la herramienta clave de ésta metodología. "¿Cómo se come un elefante? ¡De a poco!" ó "Separémoslo en partes, dijo Jack el destripador" podrían ser frases que apliquen a este proceso.

Es evidente que con solo ver el titulo de un proyecto "Migración SAP" en el Cliente Perez Asociados, estamos hablando de un proyecto del cual no tenemos noción del tamaño, ni cómo está organizado, ni cómo podremos asignar tareas, ó controlarlo, entre otras cosas. Es entonces que se encuentra a nuestra disposición una herramienta denominada WBS. Una WBS (Work Breakdown Structure), también conocida como EDT (Estructura de Desglose de Trabajo) permite –como lo indica su nombre- descomponer el proyecto en partes menores que sean manejables, posibles de asignar y controlables. Es el proceso de subdividir los entregables y el trabajo del proyecto en componentes más pequeños y manejables.

El SOW sirve como base para la construcción de la WBS, así también como todo otro material adicional que tengamos de input de los procesos de inicio y del handover de etapas anteriores como pre-proyeto, sales, etc.

Para la creación de una WBS pueden utilizarse distintas representaciones, la más recomendada es la de una estructura jerárquica, similar a un organigrama. A diferencia de este último, que contiene roles o cargos en sus nodos, la WBS contendrá el trabajo, donde cada nivel es una descomposición mayor del nodo anterior incrementando la definición detallada del mismo. El trabajo a realizar está contenido en el más bajo nivel de la WBS, el cual se denomina paquete de trabajo. Un paquete de trabajo permite ser planificado en el tiempo, estimado su costo, monitoreado y controlado. A continuación se presenta un breve ejemplo:

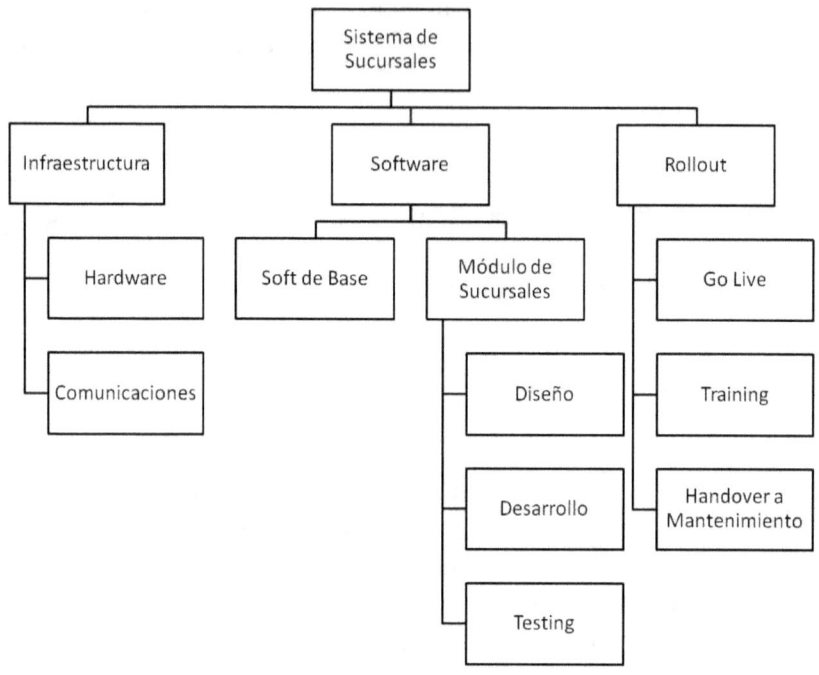

Figura 6. Estructura de Desglose de Trabajo

El nivel 0 denominado en este caso "Sistema de Sucursales" es el nombre del Proyecto. En el primer nivel se desprenden tres componentes que son Infraestructura, Software y Rollout. A su vez, cada uno de ellos se descompone en componentes menores cuyo último nivel son los paquetes de trabajo. El alcance del "Modulo de Sucursales" no estará finalizado hasta tanto no estén finalizados en un 100% cada uno de los paquetes de trabajo de "Diseño", "Desarrollo" y "Testing".

Hasta el momento no hablamos ni incluimos actividades, ya que éste es un proceso del área de Tiempos y no corresponde al área de Alcance. Se recomienda que los paquetes de trabajo estén identificados con un título en sustantivo mientras que posteriormente las actividades se encuentren enunciadas con un verbo. Como ejemplo de ello podríamos decir que dentro del paquete de trabajo "Trainings" una de las actividades sería "Preparar presentación".

En una oportunidad, una persona de un equipo de trabajo mencionó que lo que hacia él era lo más importante, menospreciando el trabajo del resto del equipo, dando a entender que él sólo podría haber hecho todo el proyecto. Este recurso desarrollaba el modulo central de la aplicación que se implementaría en una organización. Sin embargo para implementar dicha aplicación debía primero realizarse un proceso de compras para adquirir e implementar la infraestructura pertinente, luego instalar software de base y comunicación, desarrollar modulo web al que puedan acceder los usuarios desde sus domicilios, disponer las medidas de seguridad para que no haya intrusos en el sistema vía extranet, y entrenar a los key users, entre otras tantas cosas. Esta persona tenía una visión parcial del proyecto, sólo veía su "paquete de trabajo". Con este ejemplo pretendo remarcar dos cosas de especial atención. La primera de ellas es que el Project Manager cuenta con la visibilidad global de todo el proyecto y los recursos que participan el mismo seguramente cuenten con una visión parcial. La segunda es que una WBS también sirve para que los stakeholders entiendan en que parte están colaborando y como se integran con el resto del proyecto.

El input para poder crear la WBS es el Enunciado de Alcance SOW, descrito previamente y como output deberemos obtener la estructura de la WBS y la descripción de los Paquetes de trabajo.

El nivel de detalle de los paquetes de trabajo podrá variar con el tamaño y complejidad del proyecto.

Una WBS puede ser estructurada de diversas formas, a saber:

- Usando las fases del ciclo de vida del proyecto en el primer nivel de descomposición, con los productos y entregables en el segundo nivel de descomposición y por último los paquetes de trabajo que se desagreguen de los mismos.
- Colocando los principales entregables en el primer nivel de descomposición y desglosando los mismos en los siguientes niveles.
- Un mix de las anteriores.

Sumado a ello se obtiene también como output de este proceso la descripción de los paquetes de trabajo ó "Work Package Description". Normalmente se genera un documento por cada paquete de trabajo definido en la WBS que incluye:

- El identificador del Paquete de Trabajo
- La descripción del trabajo a realizar
- El responsable por llevarlo a cabo
- La lista de hitos asociados
- Las actividades principales
- Los recursos necesarios para llevar adelante el trabajo
- El costo estimado
- Los requerimientos de calidad
- El criterio de aceptación del resultado del paquete de trabajo
- Referencias técnicas
- Aprobaciones

La generación de estos documentos puede llevar mayor cantidad de tiempo en el proceso de planeamiento de nuestro proyecto, pero nos evitará problemas futuros. A través de ellos podremos asignar tareas, controlar las mismas y facilitar la comunicación.

Así como el Project Manager debe firmar el Project Charter haciéndose responsable por el cumplimiento del objetivo del proyecto, el Work Package Description debería ser firmado por el recurso que deba realizar la tarea, su jefe funcional y el Project Manager. De esta forma el recurso no puede alegar en ningún momento que no conocía el trabajo que debía realizar, ni cuando, ni como. Asimismo asegura que se identifiquen los requerimientos para poder llevar a cabo la tarea a realizar por el empleado. Ejemplo de ello es si tenemos un programador que necesita ciertos permisos para acceder a una aplicación se deberán detallar los mismos en dicho documento, de manera que se puedan gestionar en tiempo y forma para poder cumplir con el objetivo del paquete de trabajo.

6.6. Planificando el tiempo

¡Estamos gestionando la nada misma!, ¡el tiempo! ¿Dónde está el tiempo?

¡El tiempo no existe! Sin embargo, es lo más valioso que tenemos! Es la sumatoria de cada instante de vida. Y como es valioso no podemos perderlo. ¡Time is Money! El tiempo es dinero. El costo de los recursos humanos está expresado en unidades de tiempo, una hora de un Analista Funcional cuesta U$S 200.-, una de un Desarrollador Java cuesta otro tanto. Así que no queda más que hacer un buen plan para no perder tiempo... dinero.

En el PGP mostrado en el presente libro hay un ejemplo de un plan de Tiempos. Es allí donde se detalla las actividades a realizar, en que termino, que métodos y herramientas utilizaremos. Es allí donde se definen como estimaremos esfuerzos, confeccionaremos el cronograma, analizaremos varianzas y como controlaremos los desvíos.

Para ello los procesos a continuación ayudarán a complementar dicho plan.

6.7. Definir actividades

El paso posterior a contar con la estructura de desglose de trabajo es definir las actividades, identificar las acciones específicas para producir el paquete de trabajo. Los paquetes de trabajo de la WBS son descompuestos en menores componentes llamados actividades, que representan el trabajo necesario para llevar a cabo el mismo.

Tomemos en cuenta el paquete de trabajo "Trainings" de la WBS presentada anteriormente. Algunas de las actividades específicas para la realización de dicho paquete podrían ser:

- Definir fecha del training
- Reservar sala
- Alquilar proyector
- Conseguir pizarrón y fibras
- Preparar presentación
- Confeccionar manuales
- Confeccionar evaluaciones
- Imprimir manuales, encuestas, evaluaciones, lista de asistencia
- Estudiar presentación
- Definir invitados al curso

- Realizar invitación
- Registrar a los invitados
- Solicitar catering
- Preparar sala
- Dictar el curso
- Tomar asistencia
- Evaluar a los participantes
- Confeccionar diplomas
- Distribuir diplomas
- Generar reporte al sponsor

6.8. Secuenciar actividades

Este proceso se basa en el secuenciamiento de las actividades, identificando dependencias de cada una de ellas. Las actividades son secuenciadas utilizando relaciones lógicas. Cada actividad excepto la primera y la última tienen al menos una predecesora y una sucesora. Si volvemos al ejemplo anterior, no se podría dictar el curso sin haber preparado la sala, a su vez no se podría haber preparado la sala sin haberla reservado, alquilado el proyector y conseguido el pizarrón y las fibras.

Estas relaciones en conjunto con la definición de la duración de las actividades permiten obtener como resultado final el camino crítico, que dará la duración del proyecto. El camino crítico es el camino más largo que determina el tiempo más corto en que puede realizarse el proyecto.

6.9. Definir Recursos a las actividades

En este proceso se estiman los tipos y cantidad de personas/perfiles asociados a las actividades, como así también el equipamiento y materiales para desarrollar las mismas.

Una vez que contamos con la lista de actividades y su secuenciamiento se deberá identificar quien es responsable por llevar a cabo cada una de ellas. Por lo tanto se debe poner un nombre y apellido por cada actividad, y en caso de no tenerlo aún se deberá identificar el perfil a realizar la labor, de manera que una vez que se adquiera el staff pueda ser reemplazado el perfil por el nombre y apellido del recurso pertinente.

Los recursos asociados a las actividades estarán relacionados unívocamente con el Plan de Recursos.

6.10. Definir duración para las actividades

Este es un proceso clave para la planificación y futura gestión de los tiempos de nuestro proyecto.

Seguramente ya contaremos en este momento con el esfuerzo a realizar, al menos a nivel de paquete de trabajo, pero debemos desglosarlo por cada actividad y definir la duración de las mismas. Recordemos entonces que esfuerzo y duración son dos cosas diferentes.

Esfuerzo es la cantidad de tiempo que insumimos en realizar una actividad, mientras que duración es el esfuerzo distribuido a lo largo del tiempo en un calendario. Generalmente el esfuerzo es medido en horas, mientras que la duración se especifica en días, semanas, meses. Ejemplo de ello es que una actividad puede tener un esfuerzo asociado de 10 hs, mientras que la duración para llevar a cabo la misma es de 5 días. Debido a que el esfuerzo fue distribuido en dos horas diarias para realizar la labor.

Para definir la duración de las actividades hay varias técnicas, pero básicamente se deberá tener en cuenta la disponibilidad de los recursos para la realización de las actividades y su secuenciamiento y dependencias.

Pongamos el caso de que tengamos que pintar nuestra habitación. Debido a que las paredes se encuentran en buen estado, solamente habrá que pintar dos manos del mismo color que se encuentra actualmente. El esfuerzo asociado por cada mano es de cuatro horas. ¿Cuántas horas se encuentra disponible el pintor por día para hacer el trabajo? ¿Es la única acción que debe realizar? ¿O también depende de una preparación previa de las paredes o el cielorraso y una limpieza posterior? ¿Cuánto tiempo deberá esperar entre la primer y segunda mano de pintura? Como habrá notado, las 8hs que suman las dos manos de pintado no podrán ser realizadas en un solo día. Este tipo de análisis debe realizarse por cada una de las actividades.

Normalmente el Project Manager cuenta con colaboradores, especialistas en su materia, que pueden ayudarlo a definir las duraciones. Las principales técnicas para definir la duración son:

- Juicio de Expertos: Al tratarse de un proyecto, donde una de las características es ser único, muchas veces las estimaciones se deben hacer con las experiencias previas similares de los expertos, guiados por la documentación histórica que se cuente.

- Estimación por analogía: Esta técnica contempla el utilizar la duración real de una actividad de algún cronograma anterior y similar como base para la estimación. Generalmente se usa cuando hay cantidad limitada de información. Estas estimaciones son más confiables cuando las similitudes entre las actividades son muchas y reales, no solo en apariencia, y cuando el equipo de trabajo tiene mayor experiencia.

- Estimación Paramétrica: Para esta técnica lo que se necesita es un valor que pueda ser tomado como parámetro de referencia para asemejar una actividad a otra (ej. Metros lineales de tubería instalada), se toma como base y con un cálculo de regla de 3 se obtiene el valor de la estimación de la duración de la actividad.

- Estimación por Tres Valores: La precisión de la estimación de la duración de la actividad puede mejorarse teniendo en cuenta la cantidad de riesgo de la estimación original. Para ello esta técnica sugiere obtener de cada estimación tres valores:

  - Valor Más Probable (m): Es la duración más probable de una actividad, de acuerdo a experiencias anteriores y suponiendo circunstancias similares

  - Valor Optimista (O): Es el tiempo en que una actividad puede finalizar si todo se presenta de acuerdo a lo esperado. Generalmente tiene poca probabilidad de lograrse.

  - Valor Pesimista (P): : Es el tiempo en que una actividad puede finalizar si todo se presenta totalmente opuesto a lo esperado. Todos los riesgos evaluados se hacen realidad. Debe tener muy poca probabilidad de ocurrencia.

La estimación de la duración de la actividad se obtiene utilizando un promedio entre las tres duraciones estimadas. Este valor es más preciso que la estimación directa de la duración. Esta técnica es la que se toma como base para el PERT. Tiempo esperado de una actividad: Te = (P + 4m + O) / 6

Una vez obtenida la duración de cada una de las actividades podremos obtener la duración del proyecto a través del análisis del camino crítico.

Como herramienta para obtener el camino crítico se utilizan los Diagramas de Precedencia también conocidos como PERT (Evaluation and Review Technique) ó Diagramas de Red.

Hay varias formas de representar un diagrama de red, a continuación presentaremos un ejemplo simplificado de una de sus representaciones:

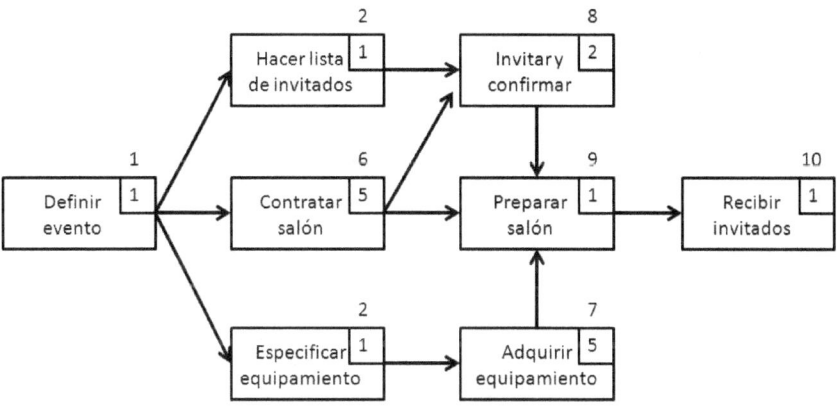

Figura 7. Diagrama de Red o Precedencia

El diagrama de red detallado en la imagen precedente muestra una preparación simplificada de un evento. En ella se definieron 8 actividades, las mismas fueron representadas dentro de cada uno de los nodos rectangulares, los cuales también incluyen su duración. Como ejemplo podemos decir que para la contratación de un salón, con todo lo que ello implica, llevaría 5 días laborales, o 5 semanas, según la unidad de tiempo que definamos.

Entre cada uno de los nodos, se identificaron las dependencias o precedencias, las cuales se representan con flechas entre las actividades. Por ejemplo, para preparar el salón debemos tener el mismo contratado, tener los invitados confirmados y el equipamiento adquirido. Para invitar y confirmar los invitados, además de tener como precedente la elaboración de la lista de invitados se debe contar con el salón contratado, caso contrario no sabremos a qué lugar debemos invitarlos.

Existen distintos tipos de precedencia, tales como inicio-inicio, inicio-fin, fin-fin y fin-inicio. Para nuestro ejemplo utilizamos esta última, es decir que una actividad no puede ser iniciada hasta tanto no se finalice la anterior.

A través de las flechas se identifican lo que se llaman "caminos". Estos caminos deben analizarse para identificar cual es el/los caminos críticos del proyecto. Recordemos que el camino critico es el camino más largo que determina el tiempo más corto en que puede realizarse el proyecto. Entonces, ¿cuál es la duración de este proyecto? Al seguir cada uno de los caminos podemos ir determinando las fechas o en cuantos días podemos finalizar una tarea, teniendo en cuenta las dependencias. Esto se hace sumando cada una de las duraciones de los caminos. Por ejemplo: para terminar de invitar y confirmar a los invitados contamos con una duración de 8 días. ¿Cómo llegamos a esa duración? Si seguimos el primer camino (Definir evento, Hacer Lista de Invitados, Invitar y confirmar invitados) parecería que sumando las duraciones de cada una de las actividades se podrían terminar las mismas en 4 días, sin embargo, a pesar de que al dia 2 ya contamos con la lista de invitados no podemos realizar las invitaciones debido a que no contamos con el salón contratado.

De esta manera, analizando los diferentes caminos, descubriremos que el camino critico es de una duración de 10 días laborales.

6.11. Armado del cronograma

El desarrollo del cronograma es un proceso iterativo, con el cual se pueden precisar cuáles son las fechas de inicio y finalización del proyecto. Para esto deberán ser revisadas las estimaciones de duración de cada una de las actividades así como los recursos necesarios para llevarlas a cabo. Con toda esta información se obtendrá el cronograma del proyecto que puede servir como línea base.

Recordemos que cuando las fechas propuestas para el cronograma no son realistas, es imposible ejecutar el proyecto de acuerdo con lo planeado.

En este proceso se integra toda la información de los procesos de tiempo precedentes, a saber: actividades, secuenciamiento, recursos, duración. A través del armado del cronograma tendremos el plan integral de tiempos, que nos posibilitará realizar el seguimiento futuro y acciones preventivas o correctivas en caso de desvíos. Este cronograma de actividades se representa normalmente como un diagrama de Gantt (diagrama de barras horizontales), siendo el MS Project la herramienta más popular para su confección, aunque no la única.

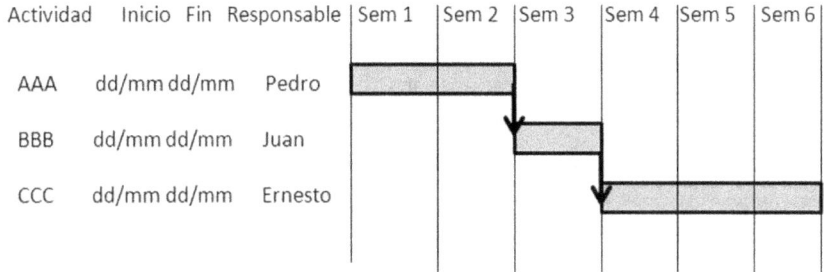

Figura 8. Cronograma

El cronograma deberá revisarse con el equipo de trabajo y ser validado con el Cliente. En la realidad siempre todo es urgente y para ayer. Por este motivo el cliente solicitará que se comprima para obtener los resultados esperados cuanto antes. En dicha ocasión habrá que analizar si es posible, aunque no siempre lo es. ¡Para que nazca el bebe por más que agreguemos muchas mujeres embarazadas tardará 9 meses en nacer...! Hay procesos que no pueden comprimirse.

Supongamos que tenemos un proyecto en el cual estimamos como fecha de finalización en Diciembre, pero el cliente insiste que necesita que sea en Agosto. En caso de que el cliente insista con poner una fecha irreal, que no se pueda cumplir podríamos decirle:

Basados en nuestra experiencia tenemos el 95% de chances de completar el proyecto para Diciembre, pero solo el 15% de completarlo en Agosto, lo cual es su deseo.

El resultado de esta discusión podría no ser confortable, pero un buen líder debe aventurarse fuera de la zona de confort, hacer lo que está bien y no simplemente aceptar cosas que en el futuro próximo le jugarán en contra.

Otra forma sería la de analizar realmente las expectativas de nuestro Cliente y todas las opciones y estrategias que podamos aplicar. Quizás el proyecto incluya entregables que no sean parte del camino crítico para un Go live y quizás éste sea el interés de nuestro Sponsor. En este caso podríamos decir: Para el mes de Agosto podemos realizar el deployment del sistema, como es su deseo y posterior a ello podremos entrenar al resto del personal y brindarle soporte de post implementación de modo de que en Diciembre finalizarán todas las actividades del proyecto.

Un tema clave en la negociación de los due dates (fechas de compromiso) es la comunicación efectiva. Cuando mejor entendamos la expectativa de nuestro Cliente (especialmente la del Sponsor) estaremos más preparados para negociar. En el caso del ejemplo anteriormente mencionado, si el Cliente resulta conforme, su expectativa era que liberen el sistema, independientemente de si el proyecto no estuviera terminado en su totalidad. ¿Cambiamos nuestra fecha de fin de proyecto? No. Simplemente identificamos cuales eran las expectativas y lo pusimos en blanco y negro sobre la mesa de negociación.

Como verá, nos encontramos en una era donde todo es para ayer, donde nos exigen una compresión de nuestro cronograma y es entonces cuando el Project Manager debe analizar detenidamente que acciones se pueden tomar. Hay varias opciones que pueden aplicarse para compresión del cronograma, las mismas se basan principalmente en dos técnicas, conocidas como Crashing y Fast Tracking. Las mismas las detallaré más adelante en Control del Cronograma. Estas técnicas también pueden aplicarse en el momento de armado original del cronograma, sin embargo no es muy buena idea estar demasiados comprimidos desde el punto de partida, los riesgos de cualquier atraso serían muy altos.

6.12. Planificando los costos

De la misma forma que en las áreas de conocimientos anteriores se generaba un plan, no puede faltar el de costos. En el PGP detallado en el presente libro puede encontrarse un ejemplo de un plan de costos y a través de los procesos detallados a continuación podremos completar el planning correspondiente.

6.13. Estimando los costos

Llegamos aquí a la parte de los números. La estimación de costos debe ser tratada con sumo cuidado, al igual que los restantes procesos, pero si hacemos aquí mal los cálculos, no nos darán los fondos necesarios para poder desarrollar el proyecto. En primer lugar se debe tener en claro que esto no es pricing. El costo está basado en los recursos necesarios para poder desarrollar el resultado del proyecto. Estos recursos pueden ser tanto recursos humanos como materiales o todo lo que se estime que se necesitara para el mismo (horas hombre, equipamiento, alquileres, papeles, viáticos para viajes al cliente, costos de terceros, seguros, etc). El pricing por otra parte incluye los costos más –por lo menos- el margen de profit o ganancias. Esto último aplica para el caso de las Consultoras de IT, mientras que no se trabaja con esas variables si el proyecto se realiza para la misma organización.

Para poder calcular los costos necesitamos contar al menos con la WBS y su diccionario, la especificación de alcance y el PGP.

Existen distintas técnicas para estimar costos de un proyecto. La más realista sería la de sumar los valores de los esfuerzos y el resto de los costos intervinientes. Esto implicaría tomar el esfuerzo horario de cada una de las actividades detalladas en el plan de tiempos, multiplicar dicho esfuerzo por el valor hora de cada perfil según corresponda (Analista Sr, PM SSr, Consultor, Programador .Net, Programador Java, QA Lead, etc), hacer la sumatoria correspondiente y agregar los costos adicionales. Los costos adicionales podrían ser viáticos, cargas legales, seguros que se necesiten para cubrir el trabajo, equipamiento a comprar o alquilar, costo porcentual edilicio, etc.

Sin embargo la estimación anterior, aunque sea la más realista es de gran dificultad para ser estimada al inicio o antes de comenzar el proyecto, ya que no contamos con todo ese nivel de detalle. Por este motivo existen también otras técnicas de estimación como lo son la estimación analógica, la paramétrica, la estimación de rates de recursos, bottom-up, o a través de información de proveedores.

La estimación analógica –como su nombre lo indica- realiza la estimación a través de comparar por analogía dos requerimientos, el actual y uno anterior. Este es el caso de si tenemos un proyecto que se pueda replicar de forma similar en otra locación, como por ejemplo si sabemos que implementar un enlace de comunicaciones entre dos locaciones cuesta U\$S 5000.- y el requerimiento es establecer un enlace entre dos locaciones con las mismas o similares características podríamos decir que nuestro costo será de U\$S 5000.

La estimación paramétrica nos permite trabajar comparando por volumen. Por ejemplo si tenemos el conocimiento que asfaltar una cuadra con ciertas características tiene un costo de U\$S 4.000, asfaltar 10 cuadras tendrá un costo proporcional estimado de U\$S 40.000.-

La estimación por cost rate nos permite hacer un cálculo estimado general de cantidad de horas por perfil para el caso de esfuerzo. Se deberá tener en cuenta adicionar todos los otros costos que surjan en el proyecto como ser viáticos, equipamiento, etc. Por otro lado es de especial atención tener en cuenta en qué momento se realizará el proyecto ya que los cost rates pueden cambiar, generalmente una o dos veces al año. Tenga en cuenta la inflación en la duración del tiempo en que se realice el proyecto, caso contrario no le cerrarán los costos. A continuación se muestra una estimación del esfuerzo de horas hombre por cost rate.

Perfil referencia	Rol	Horas	Cost Rate	Cost
Pedro	Desarrollador SUP	380	U\$S 99	U\$S 37.620
Juan	Desarrollador Mobile	340	U\$S 139	U\$S 47.260
Josefina	Project Manager	304	U\$S 158	U\$S 16.432

Perfil referencia	Rol	Horas	Cost Rate	Cost
Silvina	Analista funcional	208	U$S 158	U$S 32.864
Claudia	QA	84	U$S 166	U$S 13.944
Andres	Senior Consultant	80	U$S 149	U$S 11.920
Jose	Developer ABAP Sr	32	U$S 97	U$S 3104
Silvia	BASIS	320	U$S 85	U$S 27.200
Cesar	Architect 1	454	U$S 90	U$S 40.860
Ernesto	Desarrollador Mobile 2	255	U$S 120	U$S 30.600
Natalia	Desarrollador Mobile 3	170	U$S 110	U$S 18.700
Augusto	User experience Designer	127	U$S 50	U$S 6.350
Fernando	Testing Lead	170	U$S 60	U$S 10.200
	Total	2924		U$S 324.980

Figura 9. Estimación de Costos

Debido a que la estimación de costos es –como su nombre lo indica- una estimación, su resultado debería ser el valor obtenido +/- un porcentaje. Esto nos da lo que se llama "Orden de Magnitud". Dichos porcentajes podrán variar de acuerdo a la instancia en que se esté realizando la estimación. Si la etapa es muy temprana y no tenemos suficiente detalle podríamos decir que el proyecto estimado tiene un costo de U$S 300.000 - 50% +100%, mientras que a medida que tengamos más información y que los métodos de estimación sean más certeros podríamos decir que estamos en U$S 300.000 -10% +50% hasta en lo posible llegar a un -5% + 10%.

Siempre, siempre y siempre, la estimación del costo debe ir acompañada de la descripción del alcance y los supuestos o restricciones que surjan del cálculo de la estimación, o referenciada a los documentos del proyecto que contengan dicha descripción, ya que suele haber "malos entendidos" sobre qué es lo que cubrirá dicho costo. Esto evitará problemas potenciales al respecto.

6.14. Manejándonos bajo un presupuesto

El presupuesto nos permite sumar a la estimación previa de costos, la definición de un baseline por la cual podremos medir la performance del proyecto a lo largo del tiempo y a través de los diferentes grupos de procesos.

Lo que se debe poner foco en esta instancia es en la elaboración del cash flow. A través del mismo podremos comparar en el tiempo el costo actual versus el costo presupuestado.

El costo puede representarse gráficamente como líneas S, que se van incrementando en el tiempo.

A continuación se presenta un breve ejemplo de un cash flow:

	M1	M2	M3	M4	M5	M6	M7	…	Mn
Horas	600	600	1280	1280	1280	1280	1280		1280
Cost Rate	33	33	33	33	33	33	35		35
Costo rec	19800	19800	42240	42240	42240	44800	44800		44800
Impuestos	0	0	2970	2970	2970	2970	2970		2970
Póliza	0	0	1160	0	0	1160	0		1160
Equip	400	400	400	400	400	400	400		400
Telefonía	2000	2000	2000	2000	2000	2000	2000		2000
Viáticos	100	100	100	100	100	100	100		100
Subtotal	$22333	$22333	$48903	$47743	$47743	$48903	$50305		$51465

Figura 10. Cash Flow

Realizando este trabajo obtenemos como resultado el "Plan Cost" por cada mes, es decir el plan de cómo se van a distribuir los costos periódicamente.

6.15. Un plan para la Calidad

La calidad es un conjunto de propiedades inherentes a un objeto que le confieren capacidad para satisfacer necesidades implícitas o explícitas. La calidad define la forma en que cubrimos las expectativas de los stakeholders.

Pensemos en la calidad como el nivel al que queremos alcanzar. Imaginemos una torta. La probamos y podemos decir que es excelente, muy buena, buena, regular o mala. Por más que la torta exista y el resultado a nivel alcance esté alcanzado no es lo mismo que la calidad. La torta pudo haber estado hecha con harina refinada o harina común, se le pudo haber puesto dulce de leche o algún otro producto para que esté dulce. Es allí donde diferenciamos la calidad. Es donde debemos definir los criterios de aceptación. ¿Qué tiene que tener la torta para aceptar su resultado?

En el plan de calidad se incluyen los standards de calidad definidos para el producto o servicio a obtener como resultado, asimismo como los entregables obtenidos producto de la gestión del proyecto. Se definen los criterios de aceptación de los entregables. Se define como Criterios de Aceptación a las condiciones o características clave que deben estar presentes para que las aplicaciones implementadas se consideren aceptables, garantizando la adecuación de las mismas a lo requerido por el cliente.

El Project Manager debería considerar cualquier standard, guideline, política o regla que exista en relación al proyecto durante el desarrollo del Plan de Calidad. Un standard es algo que es ampliamente reconocido y emplea reglas, características o guías que deben ser seguidas. Como ejemplo de ello, el PMBOK® es un standard para la gestión de proyectos.

El plan de calidad debe poder ser implementado, medido y controlado a través del ciclo de vida del proyecto.

Se pueden incluir KPIs (Key Performance Index) de calidad a través de la definición y control de métricas, se pueden definir checklists en distintos estadíos del proyecto, se pueden revisar los criterios de aceptación durante la gestión del proyecto y por cada uno de los entregables involucrados en el mismo, se pueden realizar encuestas de satisfacción del cliente, se pueden llevar a cabo reuniones de lecciones aprendidas, se puede obtener una carta de aceptación firmada por cada uno de los entregables. En resumen el plan de Calidad deberá contener –como mínimo- los criterios de aceptación por cada entregable, las acciones a desarrollar y los responsables a controlar dichas acciones durante el ciclo de vida del proyecto.

Aspecto de Calidad	Monitoreado por
Documentación de Gestión del Proyecto	PMO (según Metodología PMI)
Control de Cambios	Responsable del Ciclo
Entregables técnicos	Líder de Solución (Según Criterios de Aceptación contrato con el proveedor)
Entregables funcionales	Líder de Solución (Carta de Aceptación firmada por Referente de Negocio/Sponsor por entregable ó aceptación en reunión de validación detallado en la minuta correspondiente)
Encuestas de Satisfacción	PMO (por cada etapa del proyecto)
Auditorías y Q-Gates	Semestrales, por el área de QA

Figura 11. Aspectos de calidad

A continuación se presenta -a modo de ejemplo- una matriz con criterios de aceptación para un proyecto determinado. La matriz muestra criterios de aceptación por etapas, sin embargo también es conveniente incluir una matriz más detallada con criterios de aceptación por entregable. Es decir que por cada entregable definido para el proyecto se incluyan las condiciones de aceptación debe cumplir para que los mismos sean aprobados.

Etapa	Objetivo	Entregables y Criterios de Aceptación
Plan y Preparación	El objetivo de la etapa es conducir introducciones formales, construir un plan de proyecto que incluya la asignación del Equipo, planificación detallada e inicio formal de la Ejecución del proyecto.	• Documentos de Plan de Proyecto y planes complementarios a la organización entregados y aceptados por el Sponsor. • Kick-off del Proyecto cumplido.

Etapa	Objetivo	Entregables y Criterios de Aceptación
Análisis y Diseño	Esta etapa incluye el relevamiento y definición de la Arquitectura, el relevamiento de procesos AS IS y la elaboración y mapeo de los procesos TO BE. Adicionalmente se deberá contar con el ambiente de desarrollo implementado y un prototipo BPMN de la aplicación.	• Actividades de relevamiento realizadas • Documentación de Arquitectura disponible • Documentación técnica del sistema • Procesos relevados y mapeados en el sistema ABC • Ambiente de desarrollo implementado • Prototipo disponible
Construcción y Pruebas	El objetivo de esta etapa es la construcción y prueba de los módulos de la aplicación. Para ello se deberá implementar un ambiente de test y desarrollar los módulos de Empresas, Concesionarios, Fabricas. Asimismo se deberán realizar todas las integraciones necesarias para el correcto funcionamiento de la aplicación.	• Ambiente de test implementado • Módulo de Empresas, Concesionarios y Fabricas desarrollados y probados • Interfaces desarrolladas y probadas (ABC, VH, MicroStrategy, Electrónica, Portal, Sharepoint, SAGA, MAP-GV) • Reporting Click Super implementado • Datos cargados satisfactoriamente • Test integral desarrollado satisfactoriamente
Implementación y go Live	El objetivo de esta etapa es llevar al ambiente productivo la aplicación desarrollada y testeada. Asimismo deberán realizarse todas las acciones de entrenamiento, comunicación y actividades de Go Live que sean necesarias para poder cubrir el lanzamiento de la aplicación.	• Ambiente de producción disponible • Pasaje de la aplicación y datos al ambiente productivo • Manuales de usuario disponibles • Dictado de capacitaciones a usuarios • Comunicación a los stakeholders • Documentación técnica y funcional actualizada y disponible (Documento de Arquitectura, Especificación Funcional, DER, Diccionario de Datos, Casos de Prueba, Procedimientos data cleaning, Procedimiento de Pasaje a Producción, Mapa de Aplicación, Esquema de Soporte)

Etapa	Objetivo	Entregables y Criterios de Aceptación
Soporte Post Implementación y Cierre	Esta etapa tiene como objetivo acompañar la operación de la solución luego de la puesta operativa para reforzar la autonomía del equipo interno en la utilización de los nuevos procesos y solución de software. Se podrán hacer ajustes en la configuración y responder dudas y consultas acerca de los procesos y la herramienta. Finalizado el soporte el objetivo es dar el cierre formal del proyecto, sumar la solución al mapa aplicativo y dejar información de utilidad para mejorar la calidad de los futuros proyectos.	• Transferencia de conocimiento sobre los procesos y aplicación. • Migración de Soporte aplicativo (técnico y funcional) de Proveedor a la empresa. • Documentos formales de aceptación del servicio provisto entregados y aceptados por el Sponsor • Reunión de Cierre del Proyecto • Lecciones Aprendidas • Encuesta de Satisfacción al Cliente

Figura 12. Criterios de Aceptación

Cada actividad principal ejecutada se encuentra representada por un Entregable que debería ser revisada y aprobada por el Cliente. Dichos entregables deben cumplir con los criterios de aceptación detallados en el plan. Una vez aprobado, el Entregable será puesto bajo Control de Cambios. Cualquier modificación requerirá la emisión de un requerimiento de Cambio.

6.16. Las personas. El Plan de Recursos Humanos.

El Plan de Recursos Humanos tiene como objetivo conformar el Equipo de Proyecto, definiendo los Roles y Responsabilidades de cada uno de los involucrados en el mismo.

Así como la WBS representa en forma gráfica todo el trabajo que es parte del alcance del proyecto, aquí se debe definir una RBS que identifica todos los recursos asociados a nuestro proyecto. RBS ó Resource Breakdown Structure es un diagrama jerárquico que permite identificar todos los recursos asociados a la realización del proyecto que se lleva a cabo.

El RBS es un organigrama específico para el proyecto. En él se definen las relaciones formales entre los recursos y es de utilidad únicamente para la realización del proyecto. Una vez que el proyecto finaliza, éste organigrama no cuenta con más sentido, deja de tener utilidad. Esto sucede debido a que los recursos que debe adquirir el PM, generalmente no dependen funcionalmente del mismo pero sí se encuentran a su cargo durante el ciclo de vida del proyecto.

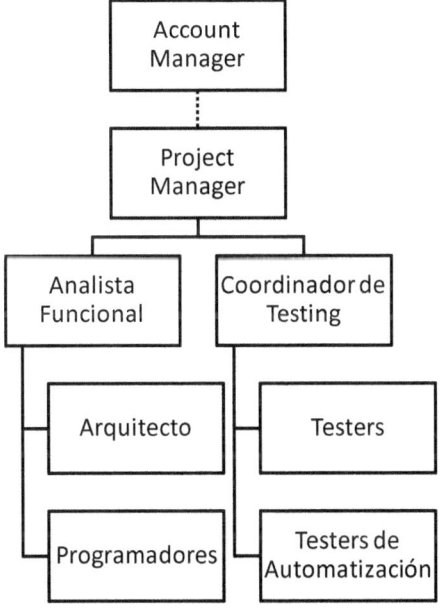

Figura 13. RBS

Adicionalmente al RBS debería anexarse una tabla con los roles y responsabilidades de cada uno de los perfiles identificados en dicho organigrama.

Rol	Responsabilidades
Account Manager	Es el punto de contacto de la Consultora de IT en la relación comercial con el Cliente. ■ Gestiona centralizadamente la relación comercial con el Cliente. ■ Participar de las reuniones mensuales de seguimiento con el PM. ■ Participa de las reuniones mensuales de seguimiento convocados por el Gerente de Aplicaciones del Cliente. ■ Consensua plazo de vencimiento con el Gerente de Aplicaciones del Cliente de respuesta de los incidentes escalados (si hubiese) que no fueron resueltos dentro de la gestión de proyecto. ■ Dar respuesta a los temas escalados por el Gerente de Aplicaciones del Cliente. ■ Participar en la confección del Informe de Estado de Servicio que incluya los indicadores y métricas definidos para medir el servicio.
Project Manager	Es el responsable por la gestión y resultados del Proyecto a su cargo. ■ Participa de las reuniones de seguimiento del proyecto ■ Asigna tareas a su equipo, ya sea a los coordinadores o a las personas que dependen de éstos. ■ Identifica riesgos y los gestiona, definiendo cursos de acción para atenuar su impacto. ■ Revisa periódicamente junto al Cliente la evolución y el cumplimiento de los objetivos del proyecto. Define, revisa y ajusta los indicadores del proyecto. ■ Propuesta de acciones correctivas de los indicadores que no cumplan con el nivel comprometido. ■ Asegura la asignación de recursos en tiempo y forma. Toma acciones correctivas sobre la estructura de personal requerida para asegurar el cumplimiento de los entregables del proyecto. ■ Define e identifica las tareas no cubiertas por el alcance del contrato, estableciendo las condiciones y especificaciones de ejecución de las mismas. Realiza gestión de cambios. ■ Coordina las actividades del equipo de trabajo. ■ Gestiona la Calidad y Mejora Continua. ■ Elabora y publica de reportes de gestión.

Rol	Responsabilidades
Analista Funcional	Es el responsable por las definiciones funcionales y la asignación y seguimiento de paquetes de trabajo de desarrollo a los programadores. ■ Resolver en forma directa los requerimientos que estén dentro de su alcance, desarrollando la documentación funcional/ casos de uso ■ Analizar funcionalmente los requerimientos de la aplicación. ■ Solicitar toda la información necesaria para resolver los requerimientos reportados por cliente. ■ Informar al usuario de oficina la resolución de los requerimientos. ■ Realizar el seguimiento de los requerimientos hasta su implementación. ■ Informar al usuario solicitante la implementación del requerimiento disponiendo la documentación funcional/ casos de uso. ■ Parametrizar las tablas de la aplicación de Sistema AAA asignadas al equipo de analistas funcionales de La Consultora. ■ Dar soporte al usuario final en el test de aceptación de los requerimientos para asegurar la calidad del producto en base a la información relevada. ■ Cumplir con las tareas asignadas por el PM
Programadores	Son los responsables por desarrollar los modulos del sistema a implementar. ■ Reportar al Analista Funcional ■ Desarrollar los Módulos A, B y C ■ Realizar los desarrollos en tiempo y forma de acuerdo a las especificaciones brindadas por el Analista en los casos de uso ■ Brindar feedback al analista o consutarlo en caso de ser requerido respecto a los casos de uso ■ Ayudar a la preparación de los ambientes de trabajo ■ Realizar peer reviews de código ■ Corregir los bugs informador por el QA on request ■ etc

Rol	Responsabilidades
Coordinador de Testing	El Coordinador de Testing es el líder del equipo de testers. Su responsabilidad es asegurar el control y seguimiento de los testing para los requerimientos. Dentro de sus responsabilidades, se considera asegurar el cumplimiento de los procesos definidos y del coaching necesario para los integrantes de su equipo. El mismo deberá: ▪ Reportar al PM ▪ Asegurar el cumplimiento del servicio de testing según lo acordado verificando si el sistema alcanza los objetivos y requerimientos originales, así como también si funciona dentro de los límites definidos por las restricciones funcionales y no funcionales especificadas. ▪ Asegurar que los Testers cumplan con la actualización de las herramientas de gestión para el control y seguimiento del proyecto. ▪ Analizar y proponer las mejoras necesarias a los procedimientos definidos para el área de testing. ▪ Realizar seguimiento a la escritura de casos de prueba para los requerimientos de nuevos desarrollos. ▪ Realizar seguimiento a la ejecución de casos de prueba para los requerimientos de nuevos desarrollos. ▪ Colaborar con el PM en la actualización de Issues y Riesgos en la herramienta que se defina. ▪ Confeccionar y ejecutar el plan de inducción para nuevos recursos. ▪ Confeccionar periódicamente el informe sobre el avance de las tareas ejecutadas del equipo testing. ▪ Confeccionar las métricas periodicas para ser presentadas al PM. ▪ Asegurar la correcta utilización de las querys de consulta sobre la base de datos, cumpliendo el procedimiento definido. ▪ Asistir a la reunión semanal con el PM.

Rol	Responsabilidades
Testers	Son los responsables de confeccionar y ejecutar los casos de prueba definidos que aseguren la calidad del producto. Estos deben ser ejecutados en el tiempo planificado. Las tareas a desarrollar por los testers son: ■ Reportar al Coordinador de Testing ■ Confeccionar en los plazos definidos los casos de prueba funcionales y técnicos de los requerimientos de la aplicación. ■ Confeccionar en los plazos definidos los scripts de los requerimientos automatizables de la aplicación. ■ Amar los juegos de datos correspondientes para la ejecución de los casos de pruebas propuestos. ■ Ejecutar en los plazos definidos, de acuerdo a la etapa en la que se esté trabajando, los casos de prueba funcionales y técnicos. ■ Actualizar las herramientas de gestión definidas ■ Informar resultados al Analista para correcciones de los bugs detectados. ■ Informar los bugs detectados a través del software Bugzilla.
Testers de Automatización	Las testers de automatización son los responsables de desarrollar y ejecutar los test scripts creados, que ayudan junto con los testeos manuales a asegurar la calidad de los entregables. Estos deben ser ejecutados en el tiempo planificado. Los testers especializados en automatización tienen conocimiento específico adicional al tester basado en el lenguaje/herramienta de automatización. Sus tareas principales son: ■ Reportar al coordinador de testing ■ Elaboración de test scripts en base a planificación ■ Ejecución de test scripts dentro del proceso ■ Ejecución de suite de test scripts solicitados a requerimiento por el proyecto. ■ Mantenimiento y update de los test scripts implementados ante cambios generados por CRs que impacten en los mismos ■ Reporte de resultados de ejecuciones

Figura 14. Tabla de Roles y Responsabilidades

Adicionalmente al detalle de roles y responsabilidades es de usos y costumbres agregar una matriz llamada RACI. El nombre proviene de las palabras: Responsable, Accountable, Consultado, Informado.

- R es el responsable por realizar el trabajo

- A o Accountables es "el que pone la cara", el que aprueba la realización del trabajo

- C es consultado, brinda información para la realización del proyecto

- I es informado, se informan los resultados parciales o totales del proyecto

La matriz presenta la relación que existe entre los roles/stakeholders y las acciones a realizar, pudiendo en cada momento tomar uno de los cuatro roles mencionados anteriormente. Vemos a continuación un breve ejemplo:

RACI	Juan	Jose	Pedro	Laura	Julia
Plan de Trabajo	R	A	C	C	I
Análisis y Diseño	I	R	C	A	I
Desarrollo Mod A	I	R	C	A	R
Desarrollo Mod B	I	I	C	A	R
Testing	C	I	R	A	C
Go Live	C	R	I	A	R

Figura 15. Matriz RACI

Tanto el RBS, como la tabla de Roles y Responsabilidades y la RACI deberían incluir todos los roles necesarios para la realización del proyecto. Puede también necesitarse la elaboración de una RBS doble, donde se detallen los perfiles de la consultora y también los del cliente, como por ejemplo el Sponsor y los Key Users, entre otros. Tambien se deben incluir las responsabilidades por parte del cliente.

6.17. Plan de Comunicación

El objetivo del Plan de Comunicaciones es promover las comunicaciones entre los diferentes miembros del equipo, para asegurar un claro entendimiento del proyecto, sus entregables e implicancias. Asimismo busca asegurar la comunicación del proyecto a los diferentes actores involucrados en el mismo. El área de conocimiento de Comunicación provee a los stakeholders del proyecto la información requerida en tiempo y forma.

Según el PMI la habilidad más importante que debe tener un Project Manager es la comunicación y, que su trabajo se basa en un 90% de comunicación.

La información se produce en un solo sentido, del emisor al receptor. La comunicación se produce en varios sentidos, dado que cada emisor se convierte en receptor y cada receptor en emisor, en la misma secuencia de la comunicación.

Podríamos resumir los objetivos de la comunicación en que sirve:

- para relacionarnos, recibir y dar información,
- influenciar el comportamiento de otros,
- para conseguir acciones y compromiso,
- para asegurar entendimiento,
- para persuadir y convencer con argumentos.

Cuando nuestros mensajes son malinterpretados, ignorados o simplemente omitidos, además de sentir frustración, la comunicación y el trabajo en equipo disminuyen, obteniendo resultados con no muy buena performance.

Veamos estas dos oraciones:

a) El gerente dijo Ariel es un ignorante.

b) El gerente, dijo Ariel, es un ignorante.

En la primer frase el ignorante resulta ser Ariel, mientras que en la segunda aparenta ser el gerente. Con solo agregar una coma o un punto en lugar incorrecto suele cambiar el sentido de lo que queremos decir. Solemos a veces, escribir emails y no dar tanta importancia a la puntuación. A veces por el apuro. Pero ¿qué entiende el receptor?. Es por ello que siendo emisor debemos prestar suma atención a lo que intentamos transmitir. Siendo receptor debemos ser amplios de criterio, de forma que si vemos algo extraño, fuera de lugar o que no nos gusta, volvamos a validarlo. Pudo haber sido un error.

La habilidad de escuchar es clave para el desarrollo. Hay muchas técnicas que pueden ayudarnos, tales como resumir una conversación, reformular preguntas, repetir palabras claves, etc. Lo importante es establecer un diálogo verdadero, un vínculo que permita potenciar y enriquecer el resultado de nuestro trabajo.

Hay algunos componentes que son necesarios para facilitar la comunicación dentro del ámbito de un proyecto, como ser la cultura, historia, valores, personas, relaciones, lenguaje, etc.

¿Cómo comunicamos? Yo estaba en una capacitación de Train de Trainers para Project Managers en Alemania. Durante el fin de semana tomé un tren y me fui de paseo a Insbruck (Austria). Mientras viajaba leí un libro acerca de la metodología de proyectos y preparé sobre unas pocas servilletas de papel un resumen de lo que expondría al día siguiente. Yo no estaba preocupado ni por el contenido ni por la exposición, ya que contaba con el conocimiento y la experiencia, pero si estaba preocupado en la participación del resto de los asistentes. Por lo que había presenciado, hasta el momento, prácticamente nadie respondía a las preguntas que hacía el profesor a la clase, la participación era más que escueta. Necesitaba involucrarlos. Había participantes de varios países, tales como Alemania, Francia, Austria, Inglaterra, USA, Brasil y yo -por supuesto- que asistía de parte de Argentina.

Entonces debía hacer lo que tenía que hacer cuando uno está preocupado: ¡Ocuparse! Tal es así que se me ocurrió cómo involucraría al resto de los participantes, incluso a los profesores... con unos simples papelitos. El tema era así: escribí sobre unos papeles respuestas a preguntas que yo mismo haría en clase relacionada con lo que estaba exponiendo. Entonces, llegado el momento, al hacer la pregunta, el que tenía la respuesta correcta debía leerla en voz alta. Como había temas relacionados entre sí, no sólo se logro que se lean las respuestas sino que se abrió un frente de discusión que sirvió ampliamente para compartir conocimientos y experiencias vividas a lo largo de la carrera profesional de cada uno. ¡Enriquecedor! ¡Comunicación!

Un plan de comunicación contiene normalmente la siguiente información:

- Datos de los Stakeholders donde se identifiquen y clasifiquen según su interés e importancia (Nombre, Apellido, Empresa, Cargo, Rol en el proyecto, grado de influencia, grupo, email, teléfono, etc). Esta información debería ser identificada en el inicio, pero puede complementarse en esta etapa.
- Requerimientos de información (costos, tiempos, etc)
- Instrumentos de comunicación (nombre del instrumento/métrica, objetivo, frecuencia, responsable, medio de distribución)

A continuación se muestra un ejemplo de medios utilizados según a quien va dirigida la comunicación:

- Hacia los miembros del Equipo de Trabajo

  - Presentaciones de Kick Off
  - Reuniones de trabajo operativas
  - Reuniones de seguimiento internas IT
  - Reuniones de status con Negocio
  - Minutas de Reunión
  - Presentaciones de Seguimiento
  - Documentación de Gestión del Proyecto (Cronograma, Matriz de riesgos, pendientes, etc)

- Hacia la Gerencia / Steering Comitee

  - Comité de Application Life Cycle
  - Presentaciones gerenciales y ejecutivas (a requerimiento)
  - Reporte de Status

- Hacia toda IT

  - Slides para Carteleras
  - Comunicaciones en ITNews (emailing)

- Hacia toda la organización

  - Notas en Intranet

En el Plan de Comunicación también se estila incluir un cronograma de las principales reuniones que se llevarán a cabo para acordar y consolidar cada uno de los hitos clave del proyecto, como la que se muestra de ejemplo a continuación:

LANZAMIENTO DEL PROYECTO			
Reunión	Fecha Estimada	Objetivo	Participantes
Kick off Interna (IT)	dd/mm/aaaa	Presentar el proyecto a todos los involucrados de IT, requerir compromiso y participación de los mismos	PM, Arquitecto, Desarrollador A, QA Lead, ...
Kick off Meeting Negocio	dd/mm/aaaa	Presentar el proyecto a todos los involucrados del Negocio y requerir compromiso y participación de los mismos	Sponsor, Usuarios, Director de IT, ...

GESTION DEL PROYECTO			
Reunión	Fecha Estimada	Objetivo	Participantes
Seguimiento con IT	Semanal	Revisar el status general del proyecto, comunicar avance de las actividades/ hitos del proyecto, identificar y tratar issues/riesgos	Analista Funcional; Líder de Solución; PM Proveedor; Responsable del ciclo; PMO,...
Comité Application Life Cycle	Según calendario de Comités ALC	Informar avances a la alta gerencia de IT y acordar acciones	Asistentes al comité (gerencia y líderes de IT)
Seguimiento con Negocio	Periódicas	Comunicar avances. Revisar status. Acordar acciones con el Sponsor	Sponsor; Referente de Negocio; Responsable de Ciclo, Líder de Solución, PM... Proveedor; PMO; IT Governance (opcional)

REUNIONES OPERATIVAS			
Reunión	Fecha Estimada	Objetivo	Participantes
Reuniones de trabajo operativas	Según cronograma detallado	Definiciones, Validaciones, Presentaciones de Funcionalidades, Arquitectura & Procesos	Referente de Negocio; Analista Funcional; Líder de Solución; PM Proveedor; ... referentes de Negocio/ IT (a requerimiento)

CIERRE DEL PROYECTO			
Reunión	Fecha Estimada	Objetivo	Participantes
Reunión de Cierre	dd/mm/aaaa	Dar un cierre formal al proyecto, obtener las lecciones aprendidas y pasar la aplicación al mapa aplicativo.	PM, Arquitecto, Desarrollador A, QA Lead, ...

Figura 16. Cronograma de reuniones

Por otro lado, el Plan de Comunicaciones también debe formalizarse esquematizando las acciones de comunicación, como -por ejemplo- se muestra a continuación:

Info/ Documento	Objetivo	Responsa-ble	Medio de Entrega	Frecuencia	Audiencia
Plan de Proyecto	Lograr un entendimiento común del trabajo a desarrollarse en el proyecto.	PM	Documento formal impreso y Correo electrónico	Después del Kick Off	Equipo de IT Referente de Negocio
Minutas de Status IT	Comunicar el status del proyecto a los involucrados, formalizar acuerdos y definiciones de cada reunión, definir próximos pasos	PM	Correo Electrónico	<24 hs después de la reunión	Asistentes a la reunión de follow up
Minutas de Status IT-Negocio	Presentar avances al Sponsor, status y Próximos Pasos	PM	Correo Electrónico	<24 hs después de la reunión	PMO, PM, IT Gov, Tecnicos...

Info/ Documento	Objetivo	Responsable	Medio de Entrega	Frecuencia	Audiencia
Minutas de reuniones Operativas	Definiciones, acciones y próximos pasos de referentes	Líder de Solución/ Analista	Correo Electrónico	A requerimiento	Asistentes a la reunión de trabajo
Presentaciones	Involucrar a las áreas de Negocio para que participen de las definiciones, validaciones, test, data cleaning y toda otra actividad que sea necesaria durante la ejecución del proyecto.	Consultor	A definir	Según necesidades del Proyecto	Logística, RRHH, RRLL, etc
Análisis de Impacto	Identificar los impactos en el día a día sobre las áreas de trabajo al implementar la solución y definir acciones de cambio asociadas	Sponsor	A definir	Según necesidades del Proyecto	Areas de negocio, etc…
Encuestas de Satisfacción	Al finalizar cada etapa del proyecto	PMO	Sistema de encuestas on line	Por etapa	Sponsor, etc…
Lecciones Aprendidas	Mejora calidad del proyecto y producto	PM	Presencial-Correo electrónico	Por etapa	Equipo del Proyecto

Figura 17. Esquema de Comunicaciones

Otra parte no menos importante a considerar dentro del documento de Plan de Comunicación es la relativa a la información que se manejará en el proyecto. Hay dos aspectos fundamentales a tener en cuenta que son la confidencialidad de la información y la ubicación de la misma.

No toda la información debe ser distribuida a todos los stakeholders, y de acuerdo al proyecto podrá variar el nivel de confidencialidad. Mientras que en unos proyectos podremos mantener reservados los costos del mismo a unos pocos stakeholders en otros además podríamos no exponer temas técnicos como ser en casos de ideas tecnológicas que podrían tomar otras empresas y utilizar en su favor. Como ejemplo de detalle de nuestro plan podríamos agregar la siguiente información.

Información/ Documentos	Reservada	Pública
Documentación del proyecto	Toda la documentación de la gestión del proyecto es de carácter confidencial y deberá ser distribuida únicamente a los involucrados identificados como "Audiencia" en la Matriz de información descripta anteriormente en este documento.	Newspapers, cartelera, etc

Figura 18. Confidencialidad de la Información

- Información Reservada: Aquella información que por su criticidad o sensibilidad deba ser clasificada como tal, garantizando que reciba un apropiado nivel de protección (por ejemplo: contratos, costos, beneficios económicos, volúmenes de producción, etc.)

- Información Pública: Aquella información que puede ser consultada sin ningún tipo de restricción.

La ubicación de la información es importante, debido a que a través de ciertos medios podemos hacerla llegar a uno o mas stakeholders. El Plan de Comunicación podría contener algo como sigue a continuación:

Documento o Entregable	Formato Digital en:	Física
Toda la documentación de gestión se encontrará disponible en la siguiente dirección.	Intranet/Proyectos/Proyecto ABC	Archivos de la PMO

Documento o Entregable	Formato Digital en:	Física
Entregables	Documentos de la solución: Intranet/Proyectos/Proyecto ABC Prototipos y Producto: Sharepoint	NA

Figura 19. Ubicación de la Información

6.18. Plan de Gestión de Riesgos

Un riesgo es una contingencia de un daño. A su vez, contingencia significa que el daño en cualquier momento puede materializarse o no hacerlo nunca o hacerlo en forma parcial. Por ejemplo, prácticamente todos los días corremos el riesgo de morir en un accidente de tránsito, pero bien puede ser que muramos en otra circunstancia. Cualquier cosa que pueda provocar daños, cualquier tipo de daño, es un riesgo.

Los riesgos en un proyecto pueden surgir tanto dentro del ámbito de un proyecto como fuera del mismo. En el primero de los casos podemos mencionar como ejemplo un recurso clave que deja repentinamente de formar parte de la organización por algún motivo y que impacta en el desarrollo del proyecto. En el segundo de los casos también pueden afectar al proyecto aquellos riesgos que surjan de manera externa, como por ejemplo una política o norma a nivel nacional o internacional que afecte el desarrollo del proyecto. Como ejemplo de esto último podríamos tomar la necesidad de entrega de 300 equipos que debían estar en un mes en el país y que por una nueva política de importación no se podrá importar más este tipo de equipamiento y se deberán obtener equipos solamente de fabricación nacional, con la complejidad de que no se consiguen con la misma calidad.

Otra dificultad que se suma a los riesgos internos y/o externos es que los mismos seguramente irán cambiando a medida que se desarrolle el proyecto.

El propósito de crear un plan de gestión de riesgos es describir cómo se van a definir, monitorear y controlar los riesgos a través del ciclo de vida del proyecto. El mismo se deberá monitorear, controlar y actualizar durante toda la duración del proyecto, esto es desde su definición original hasta el cierre del proyecto.

Un plan de riesgos debería contar como mínimo con la siguiente información:

- ID (Identificación del riesgo)
- Fecha de identificación
- Etapa de identificación (Ej. Pre-proyecto, Inicio, Planificación, Ejecución, etc)
- Descripción del riesgo identificado
- Categoría del riesgo
- Probabilidad de Ocurrencia
- Impacto
- PxI (Clasificación del Riesgo)
- Síntomas / Disparadores del riesgo
- Tipo de medida de acción a realizar
- Persona responsable a realizar la acción
- Fecha de realización de la acción
- Resultado de la acción

Una vez identificados los riesgos se deberá realizar un análisis de cada uno de ellos.

Hay dos tipos de análisis: el cuantitativo y el cualitativo, que nos brindan como resultado la probabilidad de ocurrencia y el impacto de cada uno de los riesgos.

De la relación que existe entre la probabilidad de ocurrencia e impacto se obtiene como resultado un indicador o semáforo como el que se muestra a continuación:

Impacto> Probabilidad	Muy Bajo	Bajo	Medio	Alto
Improbable	Verde	Verde	Verde	Verde
Poco Probabe	Verde	Verde	Amarillo	Amarillo
Probable	Verde	Amarillo	Amarillo	Rojo
Muy Probable	Verde	Amarillo	Rojo	Rojo

Figura 20. Riesgos – Probabilidad de ocurrencia e impacto

Este indicador permitirá priorizar los riesgos, para luego pasar a la sección del plan donde se detalla la respuesta a los mismos y el seguimiento de las acciones correspondientes.

Los procesos que se describen a continuación (Identificar, Análisis Cuantitativo, Análisis Cualitativo, Respuesta a los Riesgos) permitirán entender cómo se consigue dicha información para elaborar un plan de riesgos.

6.19. Identificar riesgos

Supongamos que tenemos una fábrica que provee componentes para empresas automotrices. Nuestro negocio se basa en la construcción de airbags, los cuales deben brindar protección a los conductores y/o acompañantes en caso de que suceda un accidente con el vehículo. Evidentemente los airbags deberán funcionar correctamente. Los mismos se activan a través de un explosivo, para disparar aire en milésimas de segundo y llenar la bolsa que amortiguará el golpe de las personas del auto. En la fabricación de estos airbags existe el riesgo de que se introduzca un pequeño componente metálico en la bolsa, aunque éste sea un pequeño tornillo, cuando el airbag se accione las consecuencias serían mortales.

En todo proyecto siempre contamos con riesgos. Este es el proceso de identificación de riesgos potenciales. El mismo servirá de input para futuros procesos de Risk Management con motivo de analizarlos y aplicar acciones correctivas, tanto para disminuir su probabilidad de impacto, ó de minimizar la probabilidad de ocurrencia.

Para ello hay que identificar los riesgos potenciales, documentarlos y registrar sus características. Estas actividades se realizan en la etapa de planificación, sin embargo, como dicha etapa es iterativa pueden surgir nuevos riesgos durante el ciclo de vida del proyecto que deberán formar parte del plan actualizando el mismo periódicamente.

Para identificar riesgos siempre es conveniente que además del conocimiento propio que el Project Manager pueda tener sobre el proyecto en cuestión, se involucre al resto de los stakeholders (equipo de trabajo, usuarios sponsor, etc) para que cada uno desde su punto de vista aporte ayudando a identificar nuevos riesgos.

La siguiente lista puede ser útil para la identificación de riesgos:

- Hardware
- Software
- Presupuesto
- Logística
- Requerimientos de cambio
- Problemas técnicos
- Problemas de personal
- Agendas
- Problemas con terceros/proveedores
- Temas políticos
- Riesgos de negocio
- Temas legales

Algunas de las técnicas más populares para identificar riesgos potenciales son las siguientes:

- Revisión de documentación: El Project Manager puede identificar riesgos del solo hecho de revisar la comunicación de traspaso en la etapa de inicio del proyecto tales como planes, contratos, información histórica, guidelines, datos de proveedores intervinientes, lecciones aprendidas de proyectos anteriores similares, revisión y análisis de los supuestos y restricciones.

- Brainstorming o "tormenta de ideas": El Project Manager realiza una reunión con los miembros del proyecto donde en una mesa abierta se presentan problemas potenciales que puedan surgir, aportando cada uno su punto de vista.

- Técnica Delphi: Es similar al método anterior, con la diferencia que los stakeholders pueden ser desconocidos entre si y en lugar de una sesión in situ puede aplicarse el uso de emails, un portal, etc. Luego se realiza una compilación de la información obtenida de cada uno, se clasifica y se vuelve a enviar a los involucrados para que hagan sus comentarios o acotaciones finales. En esta técnica los involucrados pueden ser anónimos.

- FODA: Es un análisis focalizado en 4 cuadrantes detallando en cada uno de ellos las siguientes variables que puedan aparecer en el proyecto: Fortalezas, Oportunidades, Debilidades y Amenazas. Con estas variables identificadas, el Project Manager podrá enunciar claramente los riesgos potenciales para el proyecto. A continuación se presenta un FODA de ejemplo:

Fortalezas:	Debilidades:
• Dominio de la tecnología en el mercado • Equipo comprometido	• Productos de muy alto costo • Líneas de atención reducidas • Nuestros operadores solo hablan español
Oportunidades:	**Amenazas:**
• Nuevos mercados interesados, expansión a otros mercados • Expansión del equipo de atención sumando un equipo virtual en un país con bajo costo de mano de obra	• Competidores con productos similares de no tan buena calidad pero a menor costo • Competidores con varios canales de atención y buen servicio post venta

Figura 21. Análisis FODA

- Checklist: Este método es útil cuando se realiza un proyecto de similares características a uno que ya fue realizado con anterioridad. Por ejemplo si tuviéramos que implementar un canal de comunicación seguro entre dos sucursales, el check list podría incluir: ¿Cuenta con enlace a internet? ¿Dispone del Router CISCO ABC con las características XYZ? ¿Tiene habilitados los puertos nn? etc.

- Diagrama causa-efecto: Esta técnica -también llamada diagrama de espina de pescado o diagrama Ishikawa- identifica las posibles causas de cada problema. Muchas veces nos focalizamos en los síntomas, en lugar de focalizarnos en los problemas, por ejemplo podríamos decir que podemos tener el riesgo de tener fiebre y no de contraer una infección que produzca la fiebre. Se muestra un ejemplo a continuación:

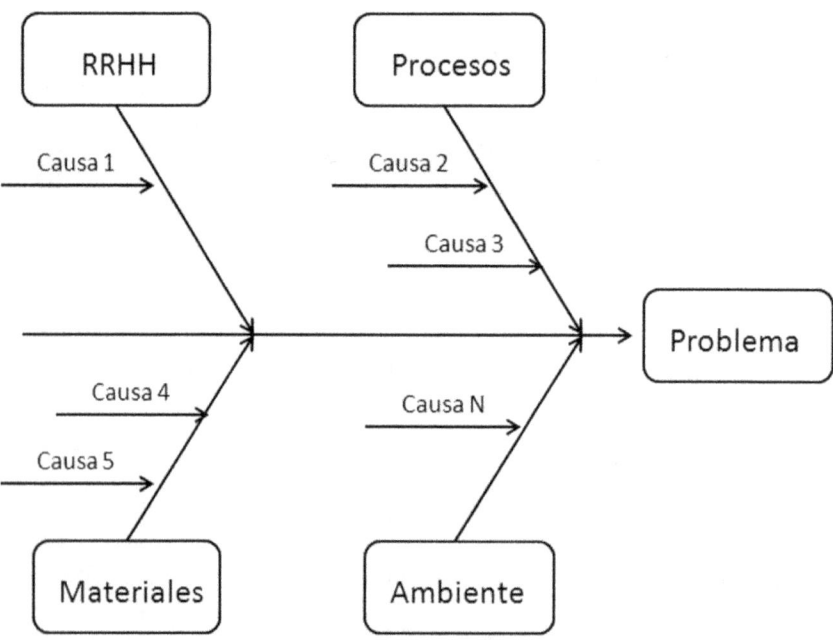

Figura 22. Diagrama de Ishikawa

De la aplicación de una o más de estas técnicas se debería obtener como resultado de este proceso la lista de los potenciales riesgos identificados y su categoría.

Identificación de Riesgos		
(Determinar riesgos potenciales y sus características)		
Nro	Descripción del Riesgo	Categoría
1	Establecer un nuevo enlace seguro de red con la sucursal de Santa Cruz, a la que solamente se puede llegar por tierra. Riesgo: Demoras de implementación debido a posibles bloqueos en la ruta.	Externa
2	Relocación del Service Desk de Argentina a Brasil. Actualmente el primer y segundo nivel de soporte está localizado en Argentina y debe ser movido a Brasil. Riesgos: La infraestructura disponible puede no ser la necesaria para el proyecto (ej.: no contar con las workstations requeridas y el software xyz)	Técnica
3	Para el go live del proyecto se necesita que los empleados utilicen la nueva herramienta informática en tablets con 3G/4G. Riesgo: Es posible que no todos los usuarios sepan utilizar tablets	Organizacional

Figura 23. Identificación de Riesgos

La categorización de riesgos permite agrupar los mismos por tipo, de forma de que las acciones de medidas asociadas puedan ser llevadas a cabo por las personas más capaces al respecto. Como ejemplo de categorización de riesgos podemos mencionar las siguientes categorías generales:

- Técnicos: relacionado con tecnología (hard, soft, middleware, comunicaciones, información, etc), tanto en lo que respecta a la disponibilidad como a la performance o calidad de la misma.
- Gestión: todos aquellos riesgos relacionados con la gestión propia del proyecto, como ser problemas con los planes, agendas o metodología.
- Organizacional: todos aquellos riesgos relacionados con los recursos humanos, disponibilidad, conflictos, estructura, objetivos, fondos para el proyecto.
- Externos: aquellos riesgos que no son internos, como políticas, leyes, clima, cambio de sponsor, etc.

6.20. Análisis cuantitativo

El análisis cuantitativo se refiere a probabilidad de ocurrencia del riesgo. Si tiramos una moneda al aire tenemos un 50% de probabilidad que caiga cara y un 50% de que caiga seca. Aunque para otros casos no es tan simple determinar la probabilidad de ocurrencia.

Una de las técnicas más conocidas para el análisis cuantitativo es la de árbol de decisión, sin perjuicio de que también existen otras técnicas como ser la Monte Carlo.

La técnica de árbol de decisión muestra una secuencia interrelacionada de decisiones y los resultados esperados de elegir una alternativa sobre otra. Generalmente esta técnica se utiliza para riesgos relacionados con tiempos o costos.

Basados en esa u otra técnica, se deberá definir y obtener una clasificación de probabilidad de ocurrencia del riesgo como ser porcentual (10%, 20%, 30%, etc) ó referencial (Improbable, Poco probable, Probable, Muy probable).

6.21. Análisis cualitativo

El análisis cualitativo está orientado a determinar cuál es el posible impacto que se produzca si el riesgo se transformara en un problema, es decir si es 100% probable de que ocurra. El impacto es "la cantidad de dolor" que tendremos si el riesgo se cumple.

El impacto está relacionado al cumplimiento de los objetivos del proyecto. De acuerdo al tipo de impacto y probabilidad de ocurrencia se podrán priorizar los mismos para identificar donde poner más foco.

Un impacto podría ser que el proyecto se demore en un año, o que no se obtenga una buena experiencia de usuario, o que la seguridad no cumpla las normas requeridas, etc.

El análisis está en determinar cuán grande es el impacto para poder comparar uno con otro y poder tratarlos como corresponde. Para ello se podría obtener como resultado que el impacto es Muy Bajo, Bajo, Medio o Alto ó una escala numérica que lo represente. Y para ello contamos con algunas técnicas como las que comento a continuación:

Assessment de Probabilidad e Impacto: Esta relacionado a los componentes de la triple restricción (Alcance, Costo y Tiempo). Esto deberá definirse y podrá variar para cada proyecto. Aquí un ejemplo de una definición de escala de Categoría de Impactos:

Objetivos	Muy Bajo	Bajo	Medio	Alto
Alcance	No hay impacto significativo	Menos del 5% de componentes impactados	Menos del 10% de componentes impactados	Más del 10% de componentes impactados
Costo	Menos del 5% de incremento	Menos del 10% de incremento	Menos del 15% de incremento	Mas del 15% de incremento
Tiempo	Sin cambio de fechas de compromiso	Hasta un 5% de demoras en el cronograma	Hasta un 10% de demoras en el cronograma	Más de un 10% de demoras en el cronograma

Figura 24. Categoría de Impactos de Riesgos

El análisis de los riesgos se compone del análisis cualitativo y cuantitativo antes mencionado. Sumado a la identificación y clasificación de los riesgos se debe documentar para cada uno de ellos su probabilidad de ocurrencia y su impacto o severidad. A continuación se muestra un ejemplo:

Análisis de Riesgos					
(Evaluar cada riesgo con respecto a su probabilidad de ocurrencia y su impacto/severidad)					
	Impacto/Daño potencial	Volumen del daño en caso de ocurrencia (cuantitativo en miles de U$S)	Probabilidad de ocurrencia (Improbable, Poco probable, Probable, Muy Probable)	Impacto (Alto, Medio, Bajo, Muy Bajo)	Riesgo potencial resultante
1	- Implementación posterior al 25 de Agosto: - Cliente insatisfecho - Costos de mantenimiento de estructura actual	U$S100.000 por mes de demora	Poco probable	Alto	Amarillo
2	- Infraestructura inadecuada: operadores no pueden brindar una correcta atención al cliente - Cliente insatisfecho - Costo de alquiler de equipamiento	U$S 200.000 por mes	Probable	Alto	Rojo
3	- Cliente insatisfecho por demoras en la atención	No hay punitorios	Poco Probable	Medio	Amarillo

Figura 25. Análisis de Riesgos

6.22. ¿Hay respuestas a los riesgos?

Identificamos riesgos, los analizamos… ¿y ahora qué?

Tenemos que cruzar un arroyo para llegar al otro lado de la orilla. Estamos solos y a pie. Hay un puente a una hora desde donde estamos. Tenemos las opciones de tardar dos horas entre ida y vuelta o de arriesgamos a cruzar por el agua en solo 5 minutos. Depende de la profundidad. Parece ser que no es muy profundo y podemos cruzar a pie. ¿Tomamos el riesgo de cruzar? Repentinamente vemos un cartel que indica que hay pirañas en el arroyo. ¿Seguimos tomando el riesgo de cruzar?

Estamos manejando nuestro auto, sin prisa, por una avenida, a la noche, donde casi no hay vehículos y se nos presenta un semáforo en rojo. Vemos hacia ambos lados y no viene nadie. ¿Nos arriesgamos a cruzar la avenida con semáforo en rojo? ¿Y si agrego el dato de que llevo a mi Sra al hospital que está a punto de dar a luz por sus contracciones?

Qué respuesta vamos a dar a cada uno de los riesgos que se nos presentan depende de la situación de la probabilidad e impacto que hayamos analizado. Para ello podríamos realizar acciones preventivas como correctivas, como así también no hacer nada.

Las acciones pueden ser catalogadas dentro de los siguientes aspectos de acuerdo a las necesidades del proyecto:

- Tolerar
- Mitigar
- Transferir
- Evitar

- Tolerar: Si decidimos que la relación entre probabilidad de ocurrencia e impacto es tan baja que no hace falta realizar una acción podemos Tolerar las consecuencias de la misma.

- Mitigar: Para mitigar un riesgo lo que se hace es reducir el porcentaje de probabilidad de ocurrencia o disminuir el impacto. Esto es, si se nos presentara una piedra en el camino ¿qué posibilidades tenemos de mitigar –por ejemplo- la demora en el tiempo? ¿Saltarla? ¿Bordearla? ¿Romperla?

- Transferir: Esta acción corresponde a trasferir el riesgo a terceras partes, como por ejemplo obtener un seguro en caso de que el riesgo se cumpla. Esta acción generalmente lleva un costo asociado y debe ser parte del plan de costos.

- Evitar: Evitar un riesgo es directamente eliminar las causas del potencial problema que pueda surgir. Ejemplo de ello es si suponemos que puede haber discusiones futuras de alcance con el product owner, debemos documentar claramente el mismo y lograr una firma por parte de dicho stakeholder antes de comenzar el trabajo.

Las acciones deberían tomarse en resultado del análisis de riesgo realizado previamente. A continuación se muestra un ejemplo de respuesta a los riesgos analizados:

Plan de Respuesta a los Riesgos					
(Definir medidas de acción a tomar para reducir la probabilidad de ocurrencia y/o impacto)					
#.	Tipo de Acción	Descripción	Respon sable	Fecha	Síntomas a observar
1	Evitar	Monitorear noticias respecto a posibles bloqueos de ruta 1. Estudiar rutas alternativas para llegar a la sucursal de Santa Cruz 2. Viajar con al menos una semana de anticipación en caso de que las noticias informen posibles cortes	Pedro	1 mes antes	Noticias en los medios de comunica-ción
2.1	Evitar	Realizar una evaluación de la infraestructura actual vs a la requerida. Adquirir las partes y/o equipos en el caso que corresponda con el presupuesto de reserva destinado a riesgos.	Ana	20/05	Si no se puede correr la aplicación xyz sobre las workstations
2.2	Mitigar	Preparar ambientes virtuales para trabajar en forma remota hasta que se haya solucionado el posible inconveniente	Juan	20/05	Si no se puede correr la aplicación xyz sobre las workstations

3.1	Evitar	Hacer participes e involucrar en la Kick-Off meeting a todo el personal de Brasil y Argentina. Hacer explícita la necesidad de que los empleados deberán utilizar tablets adicionalmente a los equipos actuales.	Augusto	30/03	
3.2	Evitar	Realizar una breve encuesta a los empleados respecto al uso de las tablets y brindar un curso de capacitación a aquellos que lo necesiten.	Juan	15/08	

Figura 26. Respuesta a los Riesgos

En la tabla anterior se puede notar que ante un mismo riesgo podemos realizar varias acciones de medida.

Hay casos en que los riesgos pueden convertirse en oportunidades, estos también hay que monitorearlos, aunque las acciones a aplicar serán diferentes, tales como compartir, mejorar, explotar los beneficios que estas oportunidades nos brindan.

Dentro del plan de respuesta a los riesgos hay que detallar los síntomas, las acciones, fecha a realizar las mismas y el o los responsables a implementarlas.

6.23. ¿Qué, cómo, cuándo, dónde, y a quién le compramos?

Para la toma de decisiones y acciones de compra se debe elaborar un plan de compras que responda a las siguientes preguntas:

- ¿Que comprar? De acuerdo al requerimiento, teniendo en cuenta la calidad, si hay sustitutos del producto (por ejemplo de un router) o servicios, si hay diferencias respecto a la cantidad o el alcance del producto o servicio.

- ¿Qué cantidades comprar? De acuerdo a lo que se necesita, según la cantidad económica, teniendo en cuenta descuentos y/o rebajas.

- ¿Cómo comprar? Teniendo en cuenta el procedimiento de compras y la política de la organización.

- ¿Cuándo comprar? Teniendo en cuenta las necesidades del usuario y las necesidades para el desarrollo del producto.

- ¿A quién comprar? Trabajando sobre la selección de proveedores, interpelaciones comerciales, definiendo si se compra, fabrica o alquila.

El Plan de Compras puede ser una simple tabla que describa las compras a realizarse para el proyecto, un conjunto de complicados documentos que incluyan RFP, RFI, RFQ, o resumirse a nada. Todo depende de la necesidad del proyecto.

Hay proyectos que no incluyen ningún tipo de compra o adquisición, por ejemplo el desarrollo de una aplicación con recursos internos de la organización y que se monte sobre equipamiento existente.

Hay proyectos que necesitan de la adquisición de algún software o hardware específico o que necesita servicios de consultoría de terceros u otros servicios. Estos proyectos tienen la necesidad de contar con un plan de compras, ya sea que tengan compras directas a un proveedor o que necesiten pasar por un proceso de cotizaciones.

Los procesos de cotizaciones tales como RFP (Request for Proposal), RFI (Requerst for Information) ó RFQ (Request for Quotation) suelen ser largos. Por ello deben ser tenidos en cuenta en la planificación, no sólo en el plan de compras, sino en el de tiempos, costos, etc.

El más común de los procesos de cotizaciones es el RFP donde se detalla un documento con la necesidad que se cuenta y los proveedores presentan su solución con su precio asociado (que puede ir en el mismo documento técnico u otro documento económico por separado).

En primer lugar, al elaborar un plan de compras se debe realizar un análisis "hacer o comprar" donde se debe evaluar cada uno de los componentes que se necesiten para el proyecto y analizar costo-beneficio de hacerlo internamente (si aplica) o comprarlo.

Una vez que tengamos seleccionados los componentes a comprar – resultado del análisis "hacer o comprar"- se deberá tener en cuenta que hay diferentes tipos de contratos que pueden realizarse y pedirse a través de un RFP. Los principales tipos de contratos son:

- Precio fijo: Se establece un precio fijo por los productos o servicios requeridos. Estos contratos llevan un alto riesgo asociado tanto para el vendedor como para el comprador si el alcance no está bien definido.

- Contratos de costo reembolsable: Como su nombre lo indica a medida que se van realizando los costos el comprador debe reembolsarlos al vendedor. Este tipo de contrato es mas riesgoso para el comprador ya que no se sabe con certeza los costos desde un principio.

- Tiempo y materiales: este tipo de contrato es una mezcla entre los dos anteriores. En este caso se paga por la realización de lo que se va haciendo y se cuenta con un parámetro de los costos, como por ejemplo el valor hora de un Abaper es de U$S 200 o el alquiler de housing mensual es de U$S 5000.- Estos valores son generalmente presentados por el vendedor y aprobados por el comprador antes de comenzar el proyecto.

Un plan de compras debería tener al menos un documento que contenga : Fecha, Necesidad, Proveedor/es intervinientes, Referencia a documentos asociada (RFPs, contratos, facturación, etc.).

6.24. Plan de los involucrados

Este es un proceso nuevo que agrego el PMI en la última versión del PMBOK® y es un poco el desglose o mayor detalle de la identificación de los stakeholders. En esta instancia debemos analizarlos, categorizarlos y definir cómo vamos a actuar con cada uno de ellos.

Una vez que fueron identificados los involucrados (stakeholders) comúnmente se realiza un análisis que consta de dos pasos, a saber:

- Identificar para todos los involucrados directos e indirectos del proyecto, sus roles, entidades a las cuales pertenece, intereses, expectativas sobre el proyecto y nivel de influencia. Los principales stakeholders son fáciles de identificar, el resto podrá identificarse a través de consultas a los stakeholders principales.

- Identificar el impacto potencial que cada stakeholder puede generar, clasificarlos y definir una estrategia para involucrarlos. Hay diferentes modelos de clasificación, como ser el que compara el poder vs el interés del stakeholder. Aquellos de bajo poder e interés solamente habrá que monitorearlos, aquellos de bajo poder y alto interés habrá que tenerlos informados, aquellos de alto poder y bajo interés habrá que satisfacer sus necesidades y aquellos que cuenten con alto poder e interés habrá que gestionarlos de cerca.

Como vimos previamente hay una herramienta llamada matriz de valoración, donde podemos clasificar a los stakeholders de acuerdo a su poder/influencia y su interés/importancia. A continuación se puede ver un ejemplo de en que cuadrante ubicar cada stakeholder.

Alta Influencia/Poder

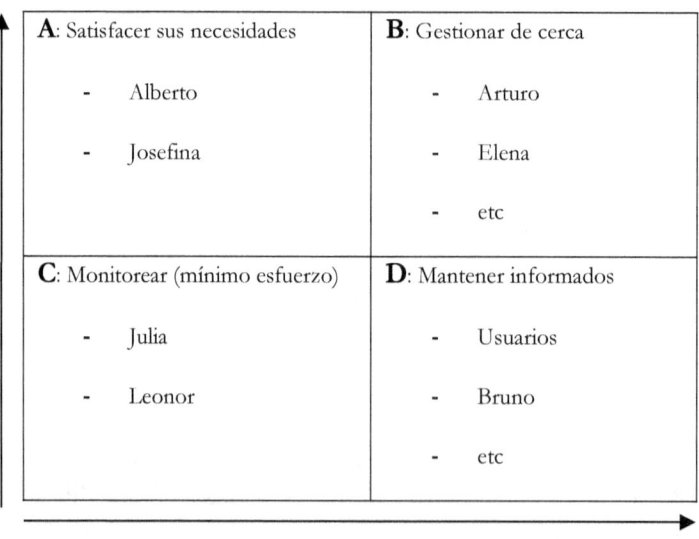

Bajo   Alto Interés

Figura 27. Matriz de Valoración de Stakeholders

Los temas principales a analizar para poder clasificar a los stakeholders son:

- Grado de entendimiento/apoyo: El actual grado de entendimiento y apoyo (por ejemplo 75% de apoyo).
- ¿Por qué apoyan?: Explicación del apoyo. ¿Qué lo motiva a dar apoyo y desear el éxito del proyecto?
- ¿Por qué se resisten?: Explicación de las razones por las que no tenemos más resistencia de ese stakeholder. Razones por las que se opone al éxito del proyecto.
- ¿Cómo mejorar su compromiso?: ¿Qué podría hacerse para mejorar su compromiso con el proyecto?
- Necesidad de información: ¿Qué información necesita para estar completamente comprometido y poder contribuir a lograr el éxito?

7. EJECUCION

A diferencia de la Planificación, donde el Project Manager tiene la mayor cantidad de procesos involucrados a intervenir, este grupo de procesos es el más reducido. Sin perjuicio de ello, es aquí donde el Project Manager demuestra sus habilidades de liderazgo.

Este capítulo describe los procesos involucrados en el Grupo de Procesos denominado "Ejecución".

7.1. Dirigir y gestionar el trabajo del proyecto

Este proceso se basa en dirigir las acciones correspondientes que fueron definidas en el Project Management Plan para alcanzar los objetivos del Proyecto.

Aquí vuelvo a mencionar la imagen del Project Manager como el Director de una orquesta.

Las principales actividades que se realizan son:

- Crear los entregables del proyecto.

- Obtener, brindar coaching y coordinar a los miembros del equipo asignados al proyecto.
- Obtener y gestionar los recursos, incluyendo herramientas, equipos y facilidades (celulares, vehículos para traslados, salas, catering, etc).
- Establecer y gestionar los canales de comunicación para el proyecto (internos con el equipo de trabajo y externos).
- Gestionar los cambios a través del proceso de gestión de cambios.
- Gestionar los riesgos asociados al proyecto.
- Generar la documentación de gestión correspondiente.

7.2. Asegurar la calidad

El Quality Assurance asegura que las cosas que se están haciendo se realicen de forma correcta.

El proceso de Quality Assurance comprende realizar actividades de calidad en forma sistemática, como ser auditorías de calidad para asegurar que el proyecto y el producto sean llevados a cabo de una manera efectiva y eficaz.

Todos los involucrados en el proyecto son responsables por su calidad. El Project Manager debe prestar especial atención en este proceso. Sin embargo, generalmente –y es recomendable-, las auditorías de calidad son realizadas por un externo al proyecto, como por ejemplo el área de calidad de la organización.

Las auditorías de calidad pueden realizarse de acuerdo a lo que se estipule en el Plan de Calidad, esto puede ser en forma regular o en cualquier momento.

Si tuviéramos un proyecto en que se diseñe un portal web para una compañía cuya corporación tiene ciertos requisitos, seguramente en el Quality Assurance se debería asegurar que dicho portal se esté desarrollando en base a los guidelines correspondientes. Asimismo quien esté involucrado en dicho proceso deberá verificar que toda la documentación de gestión se esté llevando a cabo, se encuentre claramente identificada y accesible en el recurso definido, firmada en el caso de ser necesario, completa, etc. Este ejemplo denota la diferencia entre la realización del QA sobre cómo se está llevando a cabo las actividades para obtener el producto o resultado que es el portal web y la gestión del proyecto en sí misma.

Una auditoría debería traer aparejada los siguientes beneficios:

- Se están aplicando los estándares de calidad definidos.

- Las políticas, normas, leyes y regulaciones se aplican al proyecto.

- El plan de calidad del proyecto se aplica.

- Son tomadas acciones correctivas cuando es necesario y se definen mejoras continuamente.

- Los procesos son seguidos de la forma en que fueron definidos (ej el proceso de control de cambios).

Como resultado de la auditoría se debería obtener el status relacionado y las observaciones (ej. falta la firma del Project Manager en el documento xyz) y/o acciones correctivas si hicieran falta (ej coordinar una reunión de seguimiento semanal con el sponsor).

La auditoria de aseguramiento de calidad se puede realizar a traves de la realización de Q-Gates (Quality Gates ó Compuertas de Calidad). Los Q-Gates son herramientas que permiten realizar la auditoria en distintas instancias del ciclo de vida del proyecto, como ser en el traspaso de la etapa de Deal a Proyecto, al cierre de la planificación, al finalizar o en diferentes instancias de la ejecución del proyecto y al cierre del mismo.

Generalmente el proceso de calidad sobre la Gestión de los Proyectos lo realiza el Quality Assurance ó la PMO en conjunto con el Project Manager, siguiendo los pasos detallados a continuación:

a) Entrevista: Realizando una entrevista de aprox 30 minutos completando un check list denominado "Compuerta de Calidad" ó "Quality Gate" (Q-Gate)

b) Q-Gate: El Q-Gate contendrá las siguientes secciones:

b.1. Información del Proyecto.

b.2. Identificación del Q-Gate (asociado a la etapa que corresponda)

b.3. Componentes de calidad.

b.3.1. Listado de preguntas respecto a los aspectos a cubrir en la instancia del proyecto.

b.3.2. Identificación de obligatoriedad (Mandatory / Nice to have / Optional).

b.3.3. Respuesta (Sí / No / N/A) a ser registrada por el Quality Assurance ante la respuesta del PM / involucrados con la correspondiente verificación de la evidencia.

b.3.4. Observaciones. A ser registrada por el Quality Assurance en caso de obtenerse un "No" o un "No aplica".

b.4. Resultados del Q-Gate.

b.4.1. Go / No Go (si hay algún componente obligatorio con "No" es un "No Go").

b.4.2. Acciones a realizar con fecha de Due Date (Quality Assurance deberá indicar las acciones que considere necesarias para solucionar el "No Go" y para cumplir los "Nice to Have").

c) Acciones: En caso de obtener un resultado de "No Go" el Proyecto no debería avanzar a la siguiente etapa hasta que se cumplan las acciones definidas por calidad. En caso de obtener acciones de medida respecto a componentes "nice to have" se podrá avanzar a la siguiente etapa pero se deberá cumplir con las mismas. Para ambos casos se deberá setear una nueva fecha de revisión de Calidad. En caso de obtener un resultado "Go" sin observaciones de medidas de acción se dará por cerrado el Q-Gate.

7.3. Adquirir el equipo de trabajo

Este es el proceso de asignar los recursos humanos que fueron planificados en el Plan de RRHH al proyecto.

Seguramente a esta altura ya estarán pre-asignados algunos recursos que participaron en el inicio del proyecto, plan o pre-proyecto. Sin perjuicio de ello en esta etapa hay que completar el equipo. Como input a este proceso ya contamos con el Plan de Recursos Humanos, la RBS, la matriz RACI y roles y responsabilidades definidos que nos van a servir de base para la obtención de los recursos.

El primer paso es identificar la disponibilidad que existe entre los recursos propios, internos de la organización, de acuerdo a los perfiles que se necesitan para el proyecto y en caso contrario se deberá buscar los perfiles en el mercado. Esto último generalmente lleva un largo tiempo, comúnmente no menos de dos meses, es por eso que este proceso generalmente se comienza en el pre-proyecto. Antes de comenzar el proyecto "tanteamos" que recursos podríamos tener disponibles tanto internos como adquisiciones externas. Si no hacemos esto contamos con un alto riesgo de no tener los recursos disponibles para desarrollar el proyecto en el momento en que los necesitamos.

Para la adquisición de recursos humanos externos a la organización es común trabajar en conjunto con el área de recursos humanos. Para ello se deberá especificar en un documento o sistema los requerimientos necesarios, habilidades, conocimientos y todo otra especificación que se requiera para poder realizar la búsqueda. El Project Manager deberá participar activamente, en especial en las entrevistas que se deben realizar a los candidatos y en las decisiones de contratación.

El PM tiene en este proceso que aplicar todos sus conocimientos de negociación. Tanto para negociar la obtención de recursos internos, como así también con el área de recruiting de la organización y hasta posiblemente las condiciones salariales con el candidato! Hay que formar el equipo y hay que negociar para que se complete nuestro equipo en base al presupuesto fijado y el plan realizado.

Hay casos en que en lugar de contratar recursos externos se contratan parte del servicio, es decir que se envía a desarrollar actividades a una consultora o tercero. Evidentemente esto tuvo que haber estado incluido en el plan de compras o como una acción de medida en el plan de riesgos en el caso de no conseguir recursos internos o no poder sumar staffing.

Por otra parte no se debe menospreciar la posibilidad de trabajar con "equipos virtuales" o al menos parte de ellos. Los equipos virtuales son una opción que permiten sumar buenos resultados. Generalmente son recursos que se encuentran en distintas locaciones, que cumplen con los perfiles que necesitamos y que nos pueden brindar servicios en forma remota. A ellos se puede llegar hoy en día muy fácilmente –entre otras cosas- a través de la red interna de la organización, por email, VoIP, por msm, videoconferencia o compartiendo escritorios de trabajo remoto.

La adquisición y armado de un buen equipo de trabajo es clave para el desarrollo de un proyecto. Si un director técnico de fútbol no cuenta con buenos jugadores, por más que arme una buena estrategia de ataque va a tener un partido muy complicado.

7.4. Desarrollar el equipo de trabajo

Los proyectos existen para crear un resultado en un tiempo limitado. Son desarrollados por un grupo de personas y esto significa tener un equipo. Se debe desarrollar este equipo para que funcione de manera adecuada para alcanzar el éxito del proyecto.

Crear un concepto de equipo no es fácil cuando podemos tener recursos que no se conocen entre sí, que pueden estar en diferentes locaciones, que pueden tener distintas culturas, que pueden estar en una estructura matricial y no depender directamente del Project Manager. Sin perjuicio de ello, siendo un factor crítico para el éxito del proyecto, se deberá desarrollar y trabajar en ello.

Existen algunas técnicas para hacer esto, como ser las que se mencionan a continuación:

- Team Building: El objetivo del PM es mantener al equipo unido y movilizar todos los recursos en una misma dirección. Para ello hay actividades de team-building como ser juntar al equipo en un desayuno de trabajo, compartir juegos de equipo en un día de campo, etc.

  En la mayoría de los casos los equipos que se conforman para la realización de un proyecto son nuevos, esto significa que el PM no conoce a uno o todos sus miembros o algunos o todos los miembros no se conocen entre sí. Todo nuevo equipo atraviesa las siguientes etapas:

- Formación: Esta etapa es el inicio del equipo de trabajo, cuando los miembros son presentados, están juntos o comunicados (en caso de ser virtuales) y se presentan los objetivos del proyecto.

- Tormenta: Esta etapa es cuando comienza la acción dentro del equipo. Los miembros se confrontan con cada otro para tomar posición y control. Cada miembro busca su posición dentro del equipo.

- Norming: Es la etapa más tranquila (como equipo de proyecto). Los miembros del equipo se conocen entre sí, están confortables en la posición donde se encuentran y se comienza a trabajar resolviendo los problemas del proyecto y no los problemas entre las personas. Foco en los objetivos.

- Ejecución: Esta etapa tiende a que el equipo sea productivo y efectivo. El nivel de confianza entre los miembros es alto y los objetivos son alcanzados.

- Trainings: Las capacitaciones son una forma de mejorar el conocimiento y habilidades de los miembros del equipo. Muchas veces es necesario introducir a los miembros al conocimiento de cierto proceso o condiciones de mercado, o incluso sumar nuevos conocimientos tecnológicos. Muchas veces los entrenamientos también suelen darse como un incentivo cubriendo el interés de la persona a ser entrenada, siempre que el mismo esté relacionado con algún aspecto del proyecto en curso.

- Reglas generales: Estas son un conjunto de reglas o instrucciones que el Project Manager debe definir al comienzo del proyecto para que todos los miembros del equipo sepan que se espera de ellos. Así como "cuentas claras mantienen la amistad" aquí Reglas claras mantienen unido al equipo. Ejemplos de reglas son: Ser puntuales a las reuniones en que se los cita, no hablar en una reunión cuando otro miembro tiene la palabra, informar al Project Manager cualquier inconveniente que se presente en el proyecto en ese momento, etc.

- Reconocimientos y recompensas: La motivación ayuda a la gente a trabajar efectivamente y obtener buenos resultados. Los reconocimientos y recompensas son parte importante de la motivación. Los mismos se brindan como resultado de la buena performance de los miembros del equipo en general y/o en particular. Un ejemplo de reconocimiento y recompensa general es dar a los miembros del equipo un bono de un 50% de su sueldo si logran tener finalizados los desarrollos 5 días antes de lo planificado y con la misma calidad que la planificada. Como ejemplo de reconocimientos y recompensas particulares podríamos mencionar el uso de un vehículo de la organización, oportunidades de training, días libres, trabajo remoto, etc.

En lo que respecta a incentivar a los miembros del equipo no todos ellos se motivan con los mismos incentivos. Es por ello que en esta instancia se debería hacer un breve análisis al respecto. Mientras que para un miembro de trabajo podría interesarle participar de un entrenamiento técnico para otro miembro podría ser desmotivador si no es de su interés. Una de las técnicas que podría utilizarse para el análisis es la de la Pirámide de Maslow.

Maslow definió una pirámide de 5 niveles o jerarquías, que sirve como incentivos. Cuando un nivel es cumplido por un miembro del equipo ya no encuentra más motivación y se debería pasar a trabajar en el nivel superior. Los niveles de la pirámide son:

- Nivel 1 – Necesidades básicas: Abrigo, comida.

- Nivel 2 – Necesidad de Seguridad: Bienestar físico y seguridad de la persona y sus seres queridos

- Nivel 3 – Necesidades sociales: El sentido de pertenecer, a ser aceptado, amado, el sentido de la amistad

- Nivel 4 – Necesidades de auto-realización: Logros, respeto por uno mismo, ampliar capacidades

- Nivel 5 – Auto actualización: Desarrollo máximo de su potencial

7.5. Dirigir el equipo de trabajo

Este proceso se basa en liderazgo puro. Es la capacidad de hacer hacer. El equipo de trabajo debe hacer lo que fue planificado con el alcance establecido, en el tiempo programado y la calidad estipulada.

En esta etapa el Project Manager debe realizar un tracking diario con su equipo y revisar la performance de cada uno de sus miembros. Se debe dar permanente feedback a los miembros del equipo. Esto último no quiere decir generar un informe sobre la performance de una u otra persona –que también puede hacerse- pero comunicarse, hablar con cada uno de los miembros en forma grupal y en forma particular.

Las técnicas más comunes para dirigir el equipo son: la observación y conversación, la evaluación, la gestión de conflictos, y el seguimiento de issues.

La observación y conversación es la técnica más obvia. A pesar de eso hay Project Managers que se resisten a tener un canal de comunicación abierto con su equipo. Esto nos destinaría a un fracaso casi seguro.

Así como las organizaciones realizan evaluaciones de performance de sus empleados a nivel compañía, dentro de un equipo de proyecto también se realizan evaluaciones periódicas formales una o dos veces al año. En ellas se detallan los logros de la persona dentro del proyecto, las fortalezas y debilidades observadas y los puntos a tratar, como por ejemplo: tomar una capacitación en tal o cual herramienta, mejorar la comunicación con sus pares, asistir a las reuniones en el horario fijado, etc.

La gestión de conflictos. Que podemos decir aquí. Que cuanto antes se traten más fácil será resolverlos. En un proyecto puede haber conflictos de diferentes índoles, tales como peleas entre empleados, desganos, etc. Esta gestión de conflictos podrá ser tratada de diferentes formas de acuerdo al estilo del Project Manager, unos lo harán más frontalmente, otros más colaborativos, etc. En caso que no se pueda resolver el conflicto internamente en el equipo de trabajo se deberá escalar cuanto antes.

Respecto al seguimiento de issues, de la misma manera que se puede llevar un log de issues con el resto de los stakeholders se puede llevar con el equipo de trabajo. En el mismo deben documentarse todo tipo de inconvenientes, desde conflictos de personal hasta problemas técnicos que pueden presentarse en el desarrollo del resultado del proyecto.

7.6. Gestionar las Comunicaciones

Este proceso, llamado antiguamente "distribuir información" denota la importancia de la comunicación más allá de la mera información. Para gestionar las comunicaciones hay que ejecutar el plan de comunicaciones realizado en la etapa de planning, mantener a todos los involucrados del proyecto informados, cada uno de acuerdo a la necesidad y objetivos propuestos y en el tiempo adecuado, y obtener feedback continuo durante todo el ciclo de vida del proyecto.

Para mantener una comunicación abierta con los involucrados se utilizan diversos documentos y/o medios tales como informes gerenciales, reportes de performance, reportes ejecutivos, diagramas de hitos del proyecto, minutas de reuniones, reuniones de avance, reuniones de equipo, newsletters, videoconferencias, llamados telefónicos, chat, emails, etc.

La distribución de información para el proyecto deberá realizarse de acuerdo a lo que se haya definido en el Plan de Comunicación del proyecto.

7.7. Comprando

Este proceso trata la ejecución del Plan de Compras. Esto es la realización de los contratos y la aplicación de los mismos.

Una vez que se cuenta con el plan se realiza una licitación. Las licitaciones pueden ser simples o complejas. No vamos a profundizar aquí el proceso de licitaciones pero básicamente se debería contar con al menos tres proveedores que estén preseleccionados para brindar el producto o servicio que requerimos. Para ello podríamos contar con las lecciones aprendidas de proyectos anteriores donde detalle el proceder de los proveedores, obtener información de mercado e incluso contar con una base de datos de los mismos.

De las respuestas a los RFPs, RFIs, RFQs, se debería generar una tabla comparativa para identificar en principio si cumple con el alcance requerido detallado en el SOW y por último que valor agregado nos da cada proveedor. Aquellas respuestas técnicas de los proveedores que sean aprobadas por la organización deberían pasar a la ronda económica, esto implica que aquel proveedor que ofrezca por un mismo producto/servicio un menor precio será el elegido.

Lo descrito en los párrafos anteriores puede variar ya que hay varias técnicas de licitación y la que mencionamos fue a modo de ejemplo.

Seleccionado el proveedor se deberán elaborar y desarrollar los contratos con el área de legales de la compañía.

Una vez cerrada esta etapa y de acuerdo a las necesidades y requisitos detallados en los pliegos, el o los proveedores podrán comenzar a formar parte del proyecto.

7.8. Manejar expectativas de los stakeholders

Recordemos que los stakeholder son mucho más que el equipo de trabajo. Los stakeholders son todos los involucrados directa o indirectamente en el proyecto.

El manejo de expectativas se realiza a través de la comunicación. Y la "comunicación" actúa en dos sentidos: emisor-receptor-emisor.

Hay diferentes técnicas de comunicación, como ser las reuniones de revisión de status del proyecto en sus distintos niveles. Por otra parte se maneja un Issue Log. Un issue log es una bitácora de issues (inconvenientes) que el Project Manager debe ir registrando a medida que aparece y debería clasificarlos y darle acción para resolverlos. Aquí también pueden enunciarse las expectativas.

A continuación se detalla los datos que –como mínimo- debería contener un log de issues o registro de pendientes:

- Datos generales del proyecto (nro, nombre, PM, etc)
- Hito
- Fecha de detección del Issue/Pendiente
- Descripción del Issue/Pendiente
- Status(resolución o comentario)
- Prioridad
- Fecha de compromiso
- Responsable
- Realizado
- Alertas

A diferencia de los riesgos, que son potenciales, un issue es algo que ya está transcurriendo. Un riesgo se puede transformar en un issue si su porcentaje de ocurrencia pasa a ser del 100%. Por esta razón es clave ir monitoreando los riesgos para evitar que se conviertan en problemas. Aquí también se puede detallar y hacer el follow-up de las expectativas particulares de los involucrados.

8.   MONITOREO Y CONTROL

¡Aquí vamos! ¡Teniendo visibilidad del Proyecto! Todo proyecto se realiza por algún objetivo y al fin del día el objetivo de la compañía será el de ganar dinero. Es por ello que no hay forma de hacerlo sin monitorear ni tener visibilidad del desarrollo del negocio, en este caso en particular del proyecto.

Este capítulo describe los procesos involucrados en el Grupo de Procesos denominado "Monitoreo y Control".

8.1. Monitorear y controlar el trabajo del proyecto

Este proceso se basa en realizar el seguimiento y revisión del progreso del trabajo para cumplir con los objetivos definidos.

Siempre me gusta hacer la comparación entre los términos monitoreo y control, que estamos nombrando a lo largo del presente material. Normalmente hago esta pregunta a las personas que asisten a mis trainings: ¿Ustedes consideran que monitoreo y control es lo mismo? En general responden que no –lo cual es cierto- pero al momento de explicar la diferencia la mayoría se queda callado. Es en ese momento que les ofrezco se imaginen al volante de un vehículo, siendo sus conductores y manejando por una autopista. A medida que avanzan se visualizan señales de tránsito entre las que aparece "Máx 100". Para cumplir con las normas podemos verificar la velocidad y también controlarla. ¿Cómo verificamos la velocidad? Miramos el velocímetro. ¿Cómo la controlamos? Ejecutando una acción de cambio, en este caso levantar el pie del acelerador.

El monitoreo continuo identifica cualquier área que puede requerir especial atención. El control implica ejecutar una acción preventiva ó correctiva, incluso la replanificación y el seguimiento de la misma para identificar si las acciones tomadas resolvieron los temas correspondientes.

Las principales actividades involucradas en este proceso son:

- Comparar la performance actual del proyecto contra el plan del proyecto.
- Determinar y recomendar acciones correctivas y preventivas.
- Identificar nuevos riesgos, haciendo un seguimiento y monitoreando los riesgos existentes.
- Proveer información y documentación de soporte, como ser reporting sobre indicadores de performance y forecasting.
- Monitorear los cambios aprobados.

8.2. Realizar el control integral de cambios

Este proceso se basa en la revisión de todos los cambios requeridos, el análisis y aprobación de los mismos. Así también la gestión de toda la documentación involucrada.

Este es el momento para recordar que todo cambio solicitado que no pasa por el proceso de cambios correspondiente y no es aprobado nunca debería ser parte del proyecto.

Hay cambios que pueden ser rechazados tanto por personal de nuestra propia compañía como así también –una vez hecha la propuesta- por parte del Cliente. El Project Manager debe asegurarse y es el responsable para que solamente los cambios aprobados pasen a formar parte del baseline de nuestro proyecto.

Las principales actividades de este proceso son:

- Revisar, analizar y aprobar los cambios que correspondan. Al analizar los mismos se deberá tener en cuenta todos los factores en que puede impactar (alcance, costo, tiempo, recursos humanos, riesgos, etc)
- Gestionar los cambios aprobados
- Mantener la integridad del proyecto, actualizando la planificación con los cambios aprobados (como ser el Project Management Plan, WBS y Cronograma de actividades, entre otros) y dirigiendo las acciones correspondientes al mismo.

Los cambios pueden ser requeridos por cualquier stakeholder involucrado en el proyecto. Aunque pueden ser iniciados verbalmente, los mismos deben ser documentados y gestionados a través del proceso de cambios.

Los cambios que se susciten pueden ser de diferentes tipos, no sólo de alcance. Quizás el cliente puede solicitar un cambio en la fecha del go-live demorando el lanzamiento del sistema en 3 meses. Esto, por más que no sea un cambio en el alcance, sino en los tiempos, también puede impactar en varios factores de nuestro proyecto, por ejemplo en la disponibilidad de nuestros recursos quedando algunos de ellos desasignados por un tiempo y no consiguiendo la disponibilidad de los mismos en la nueva fecha, en los costos asociados que podrían cambiar, tanto por un cambio en los recursos como por un cambio en las tarifas, etc., etc., etc.

Por tal motivo es que ante una solicitud de cambio normalmente se genera un formulario de requerimiento de cambio (CRF o Change Request Form), donde se detalla el alcance, el costo asociado, riesgos, tiempos, y todo lo que ello implique.

Un requerimiento de cambio aprobado sería un anexo de mi contrato original para la realización del proyecto.

8.3. Verificar el alcance

Este proceso se centra en obtener la aceptación completa de los entregables del proyecto.

¿Cómo verificar? Comparando nuestro plan contra el estado del resultado de nuestros entregables, si retomamos el ejemplo de verificar la velocidad a la que va un vehículo, observando la velocidad máxima indicada en la señal de tránsito contra lo que indica el velocímetro.

Para verificar el alcance se revisan los entregables con el Cliente ó Sponsor de forma de asegurar que se hayan completado satisfactoriamente. Es clave obtener una aceptación formal por parte del mismo. En resumen por cada uno de los entregables finalizados se debería realizar una verificación con el cliente y obtener como resultado un documento de Conformidad ó Aceptación firmado por el mismo. En este documento se detallan datos generales del proyecto, datos particulares del entregable finalizado y una sección para las firmas y aprobaciones.

8.4. Controlar el alcance

¡Lo único que no cambia es el cambio! Todo proyecto está sujeto a cambios. Los cambios son inevitables. El control del alcance surge del monitoreo del mismo y se realiza a través de la gestión de los cambios asociados. Controlar el alcance del proyecto asegura que todos los cambios requeridos y acciones correctivas o preventivas recomendadas sean manejadas a través del control integral de cambios.

Se define como baseline del proyecto a la Declaración del Alcance, la WBS y la descripción de los paquetes de trabajo. Lo que no esté en el baseline no es parte del alcance en nuestro proyecto. Si surge una necesidad de cambio, el proceso lógico es recibir el requerimiento, analizar las varianzas que pueda producir contra nuestro baseline e impacto con otras áreas de conocimiento (costo, tiempo, riesgos, etc.), detallar todo en un documento y ofrecerlo al Cliente como un agregado a nuestro contrato original.

Generalmente lo que se presenta al Cliente es el resultado de este análisis en un documento que comúnmente se conoce como CRF (Change Request Form) o formulario de Requerimiento de Cambio .

Nuestro baseline se modificará expandiéndose una vez que se reciba como respuesta el requerimiento de cambio aprobado ó Nota de Pedido asociada. Nuestro proyecto ya no tendrá el alcance original sino que será nuestro contrato más los requerimientos de cambio aprobados.

Nunca debería comenzarse a realizar un trabajo de un requerimiento de cambio que no pasó por el proceso completo ni fue aprobado. Esto seguramente impactaría negativamente en el proyecto, como ejemplo de ello, si el cliente nunca lo aprueba no podríamos cobrar el trabajo que se realice.

Una vez que el Project Manager reciba el requerimiento de cambio aprobado por el Cliente deberá actualizar todo el plan del proyecto modificando el baseline en todas las áreas de conocimiento correspondientes.

8.5. Controlar el cronograma

Para controlar el cronograma, debemos verificar el estado de avance de cada una de las actividades comprendidas en el mismo. Una vez hecho esto, deberíamos comparar el avance planificado versus el estado de avance real. En caso de haber desvíos debemos replanificar. Si esta replanificación impacta en el camino crítico, es decir que impacta en las fechas claves, como las de lanzamiento o cierre del proyecto deberíamos aplicar alguna técnica como ser las de Crashing o Fast Tracking.

A veces es fácil determinar el grado de avance de una actividad, donde podemos decir por ejemplo que una actividad se encuentra al 35% de avance, mientras que otras veces es complicado. Esta complicación surge porque no hay una manera fehaciente de medir el avance y suele haber oportunidades en que solo contamos con la palabra de otro profesional que nos dice en qué estado se encuentra la actividad. Es aquí donde se pueden aplicar ciertas técnicas a nivel general como son las de definir que una actividad se encuentra al 0% hasta tanto no esté terminada y considerarla al 100%. Otra es considerar una actividad al 0% cuando no se inició, al 20% cuando fue iniciada y al 100% cuando fue finalizada.

Como un "comentario de color" téngase en cuenta que una actividad al 99% no está terminada. Hay que tener especial cuidado en definir el porcentaje de avance, ya que si nos engañamos a nosotros mismos el riesgo de demorarnos aumenta.

En caso que estemos complicados con los tiempos, contamos con las siguientes técnicas de compresión del cronograma:

- Crashing (Intensificación): Reduce el tiempo de las actividades comprimiéndolas. Los pasos para realizar la compresión de la red con esta técnica son :

  - Se deberán obtener las relaciones costo / tiempo de las actividades del camino crítico (reducir las otras actividades fuera del camino critico no modifica la duración total del proyecto).

  - Iniciar la compresión de las actividades con menor relación costo tiempo (tomando una unidad de reducción de tiempo por vez, y revisando cada vez como queda el camino crítico, ya que esta metodología puede generar nuevos caminos críticos en la red), hasta llegar al límite de tiempo requerido. Si se comprimen todas las actividades se produce una situación poco deseada: Crash-point del proyecto, esto implica que todas las actividades pertenecen al camino crítico, dado que ninguna va a tener holgura.

- Fast Tracking (Ejecución Rápida) : Modifica la relación lógica de las actividades, adelantando algunas para hacerlas paralelas. Las desventajas de esta técnica están dadas en que se necesita mayor coordinación y supervisión al tener más actividades simultáneas, existen posibilidades de incrementar los costos, y sin lugar a dudas genera un incremento en los riesgos del proyecto.

A continuación presento algunas opciones de compresión del cronograma bajo las dos técnicas mencionadas anteriormente:

Opción	¿Cómo realizarlo?	Detalle
Re-estimación	Revisando los riesgos	Rever las estimaciones de los riesgos. Al reducir los riesgos, la estimación puede achicarse y el proyecto terminar más rápido

Opción	¿Cómo realizarlo?	Detalle
Ejecutar dos actividades en paralelo	Fast Track (compresión del cronograma)	Si asumimos que la dependencia entre estas dos actividades es discrecional y no obligatoria
Mover recursos de una actividad a otra	Crash (schedule compression)	No tenemos muchos detalles de los recursos, pero asumimos que los recursos de la actividad A tienen los skills para completar la actividad B.
Eliminar una actividad que modifique la duración del proyecto	Reducir el alcance	Esta no debe ser la primera opción, ya que afectará al cliente.
Contratar consultores para que asista en alguna actividad	Crash (schedule compression)	Asumimos que agregando recursos a estas actividades, se podría realmente acortar la duración.
Mover los recursos con mas expertise a actividades del camino crítico	Crash (schedule compression)	Si asumimos que el/los caminos críticos están siendo llevados a cabo por recursos de menos experiencia
Acortar el tiempo	Crash (schedule compression), disminuyendo los standares de calidad	Al disminuir uno de los componentes de la "triple restricción" el resto de los componentes varían
Decir que no, que el proyecto no se puede acortar	Defender la estimación	Esta no es una opción viable si hay otras alternativas.
Realizar más trabajo con la misma cantidad de recursos	Trabajar horas extras	No es una opción que se incluya en el plan del proyecto. Hay muchas otras formas de comprimir un cronograma sin llegar a estos efectos negativos. Úselo como última opción.

Figura 28. Técnicas para control del cronograma

8.6. Controlar costos

Para poder realizar un control de costos adecuado primero debemos tomar algunas medidas de performance y calcular indicadores. De esta forma podremos ver cómo van impactando o impactarán nuestros costos de acuerdo a lo planificado y tomar las medidas que hicieran falta.

Existen varias variables que podemos medir para poder generar los indicadores, a saber:

- EV = Valor Ganado = Es el valor del trabajo completado a la fecha comparado con el presupuesto. Por ejemplo, si contamos con un presupuesto de U$S 10.000 y se ha completado el 50% del trabajo, el EV = U$S 5.000.-

- PV = Valor Planeado = Es el presupuesto aprobado y asignado para completar el trabajo en un período determinado. Por ejemplo el PV de un proyecto al mes 2 podría ser de U$S 2.000.- Se deberá tener en cuenta que el valor planeado la mayoría de las veces puede no ser igual o proporcional a lo largo del tiempo. Es decir, los costos fueron planificados de acuerdo al plan de costos (contratos, necesidades de compras, costos interno, etc), quizás se planifico un costo del 50% en el primer mes, 10% en el segundo, etc. Esta información puede obtenerse del Presupuesto explicado previamente en este libro.

- AC = Costo Actual = Es la cantidad de dinero que hemos gastado hasta la fecha (o un periodo determinado). Ej.: El AC a la fecha es de U$S 5500.-

Medidas de Performance:

- Varianza de costo: CV = EV (Valor Ganado) – AC (Costo Actual)

  Por ejemplo, CV = U$S5000 - U$S 5500 = -U$S 500 => al dar un resultado negativo hemos gastado más de lo que planificamos.

- Varianza de cronograma: SV = EV (Valor Ganado) – PV (Valor Planificado)

Por ejemplo, SV = U$S 5000 – U$S 4000 = U$S 1000 => al dar un resultado positivo nos encontramos adelantados en el tiempo.

KPIs (Indices de Performance):

- Indice de performance de costos: CPI = EV (Valor Ganado) / AC (Costo Actual)

    Por ejemplo, CPI = U$S 5000 / U$S 5500 = 0,90909 => al ser menos que 1 la performance es peor de lo que esperábamos.

- Indice de performance de cronograma: SPI = EV (Valor Ganado) / PV (Valor Planificado)

    Por ejemplo, SPI = U$S 5000 / U$S 4000 = 1,25 => al ser mayor que 1 la performance en el cronograma es mejor que lo esperado.

Si el CPI o SPI es mayor o igual a 1 vamos bien, caso contrario estamos en problemas.

También existe lo que se llama Forecasting, que es estimar futuros resultados de acuerdo a los valores de las mediciones actuales, a saber:

- Estimación para terminar = ETC es el costo para completar el trabajo faltante

    ETC = (BAC – EV) / CPI

    BAC proviene de Budget at Completion y es la suma de todos los presupuestos establecidos para realizar el trabajo del proyecto.

    Ejemplo: ETC = (U$S 10.000 - U$S 5000) / 0,90909 = U$S 5.500.-

- Estimación al terminar = EAC es el valor del costo total estimado de todo el proyecto.

    EAC = AC (Actual Cost) + ETC (Estimación para Terminar)

    Ejemplo = U$S 5500 + U$S 5500 = U$S 11.000.-

El forecasting previo alerta que existirá un overrun de $1000.- al menos que hagamos alguna acción para evitarlo.

8.7. Controlando la Calidad

El control de Calidad se focaliza en los resultados, haciendo comparaciones para determinar si cumple los standares de calidad definidos, los que se han planificado en el Plan de Calidad.

Existe una clara diferencia entre el Quality Assurance o Aseguramiento de la Calidad y el Control de Calidad. El primero de ellos se asegura que se estén haciendo las cosas bien, de la manera correcta, mientras que el segundo asegura que los resultados que se van obteniendo son los esperados.

Recordemos que en el Plan de Calidad fueron definidos los criterios de aceptación y para que el resultado salga con la calidad esperada se deben cumplir dichos criterios. No es lo mismo obtener como resultado un café "lavado" que un café "espumoso y con cuerpo". Los dos "resultados" son café, los dos tienen diferente calidad. ¿Qué criterios se definieron para el café? No es lo mismo unas sábanas de 300 hilos que unas sábanas de 700 hilos egipcios, las dos son sábanas, las dos son de distintas calidades. ¿Que se esperaba de las sábanas? ¿Suavidad?

El control de calidad se debe realizar en paralelo con la ejecución del proyecto, pudiendo utilizar diferentes técnicas. La técnica mas intuitiva es la de Inspección, y básicamente es mirar, testear y/o medir los resultados que se van obteniendo a lo largo del proyecto para determinar si cumplen con los criterios de aceptación establecidos.

Téngase en cuenta que los criterios de aceptación pueden tener un margen de aprobación, sin embargo si no se cumplen con los mismos, el trabajo debe ser rechazado y regresado para rehacerse.

Otra técnica empleada es la regla de Pareto. El conocido 80/20 también aplica a los proyectos, donde un pequeño número de causas (20%) crea la mayor cantidad de problemas (80%). Es por ello que se debe controlar la calidad en paralelo con la ejecución para determinar dichas causas y evitar los problemas. Generalmente en un proyecto es menor la cantidad de personas que crean la mayor cantidad de problemas y ahí es donde hay que apuntar a tratarlos. Aquí se pueden estudiar tanto factores como costos, demoras o defectos en los resultados, entre otras cosas.

Otras técnicas que son utilizadas en este proceso son el diagrama de causa y efecto, los gráficos de control, histogramas, revisión de reparación de defectos.

Sea cual fuera la técnica utilizada se deberá obtener como resultado las mediciones de control de calidad, las acciones correctivas o preventivas a implementar, los requerimientos de cambio asociados.

8.8. Informar el desempeño

Normalmente se realizan reuniones periódicas de seguimiento del proyecto con los involucrados que se hayan definido en el plan de comunicaciones. En dichas reuniones se revisa el status y el desempeño en general del proyecto y de cada una de las partes.

Como herramienta principal se utiliza lo que se denomina un reporte de performance. Dicho reporte puede variar de organización en organización, pero se intenta que el mismo —a pesar de poder tener diferentes formatos- sea un reporte ejecutivo (breve, claro, objetivo). Hay algunas organizaciones que quieren mostrar tanta información que el reporte no termina siendo útil. Hay que tener en mente lo siguiente: KISS! Keep it simple and short. (Mantenerlo simple y corto) ó entre profesionales le agregamos una S: KISSS! (Keep it simple and short stupid!). En fin, no debería pasar de una o dos carillas.

Generalmente el reporte de performance —independientemente del formato- cuenta con los siguientes contenidos:

Información general: Es una cabecera con el código y nombre del proyecto, fecha del reporte, nombre del PM y Sponsor.

Información de status: Se incluyen semáforos (verde, amarillo o rojo) como indicadores gráficos para visualizar rápidamente el estado del proyecto. Con frecuencia hay un indicador general para el proyecto en conjunto y otros por cada uno de los entregables involucrados. También se incluye información tal como porcentajes de avance planificado y real.

Información adicional: Se incluye unas breves líneas de Riesgos e issues y observaciones.

En ciertos reportes también suele incluirse un resumen de la información financiera tales como el presupuesto planificado, el AC, el ETC, y el EAC.

8.9. Monitorear y controlar riesgos

Es tiempo de tener el plan de riesgos a mano, monitorearlo, actualizarlo y aplicar las acciones que correspondan.

Al monitorear los riesgos del plan podremos encontrarnos ante las siguientes situaciones:

- Identificar nuevos riesgos

- Hay riesgos que desaparecen

- Hay riesgos que se transforman en issues

- La probabilidad de ocurrencia e impacto varía

En el caso de identificar nuevos riesgos, se deberá tratar como se encuentra detallado en el Plan de Riesgos.

Si un riesgo desaparece esto implica que la probabilidad de ocurrencia paso a cero. Esto denota que ya no es un riesgo para nuestro proyecto y no debemos volver a monitorearlo. Casos como este sucede cuando se cumple el tiempo de realización de un entregable y este se obtuvo sin inconvenientes, por ejemplo si debíamos contar con un módulo de una aplicación el 7 de septiembre y al día 8 de septiembre contamos con el mismo.

En caso que un riesgo se transforme en un issue significa que la probabilidad de ocurrencia paso a ser del 100%. Este caso no debería suceder si los riesgos fueron bien monitoreados y controlados, con la excepción que hayamos elegido tolerarlo. En esta situación el "ex-riesgo" deberá trasladarse al log de issues para ser tratado como un inconveniente.

En caso que la probabilidad de ocurrencia e impacto varíen, pueden hacerlo tanto incrementándose como disminuyendo. Esto podemos observarlo a través de indicadores que hayamos determinado para poder medirlos a lo largo del ciclo de vida del proyecto o detectando alertas a través de la comunicación con los diferentes stakeholders.

Si la probabilidad de ocurrencia disminuye, mejor para el proyecto, no aplicaremos acción alguna, sin embargo debemos seguir monitoreándolo porque podría volver a incrementarse.

Si la probabilidad de ocurrencia aumenta se deberá definir el momento preciso a aplicar la acción que hayamos definido. Recordemos que pudimos haber definido tolerar, mitigar, transferir o evitar el riesgo. Ejemplo de una transferencia es obtener un seguro para que en el caso de que el riesgo se cumpla lo deberá solventar un tercero. Ejemplo de mitigar o evitar riesgos podría ser tener un proveedor alternativo para obtener un entregable.

Al realizar la acción de medida preventiva para mitigar o evitar el problema que podría causar que un riesgo se transforme en issue, se deberá documentar el status y los resultados del mismo. Es común incluir una sección en la matriz de riesgos que incluya datos tales como responsable, fecha de la acción, status, observaciones, resultados obtenidos.

Generalmente las acciones de medida de los riesgos llevan un costo implícito, es por ello que debería tenerse en cuenta un margen al respecto al momento de definir los costos del proyecto.

8.10. Administrar compras

Una vez contratado el o los proveedores se deberá hacer un monitoreo y control de las compras. La administración de las mismas corresponde a la observación, seguimiento y verificación de lo que el proveedor está suministrando de acuerdo a los requerimientos planteados y debidamente documentados en el SOW, Pliegos de compra y contratos.

En la administración de las compras surge algo similar al proceso de informar el desempeño. Se deberá analizar el desempeño del tercero e ir realizando los ajustes que hicieran falta. Es clave realizar reuniones periódicas de seguimiento con el proveedor y no dejar nada librado a la confianza que tengamos en él.

8.11. Controlar a los involucrados del proyecto

Este proceso es clave para el éxito del proyecto. Recordemos que los stakeholders son todos los involucrados en el proyecto, ya sea en forma directa o indirecta. Es difícil tener contentos a todos ellos ya que siempre va a haber gente a favor y en contra de un proyecto. Pongamos el caso de implementar un sistema de Metrobuses en la avenida 9 de Julio. ¿Quiénes son los involucrados? ¿El gobierno? ¿Las empresas de colectivos? ¿La empresa constructora le las estaciones? ¿Los agentes de tránsito? ¿La empresa que coloca señalizaciones? ¿Los usuarios? ¿Los partidos políticos? ¿Los ambientalistas? ¡Todos! Y… ¿quiénes están a favor o en contra?

Ya tenemos el conocimiento de cómo identificarlos y clasificarlos, este es el momento para controlarlos y eso se hace mediante acciones de comunicación.

Adicionalmente a la comunicación, y específicamente para el caso de stakeholders que no se encuentren a favor del proyecto se deberían estudiar las causas y en la medida de lo posible aplicar acciones para que su interés en el proyecto de un resultado positivo.

Retomemos el caso del ejemplo del Metrobus. Si los ambientalistas están en contra del proyecto y determinamos que la causa es porque para construir los carriles se deben extraer arboles, seguramente ya habremos hecho un análisis de impacto ambiental y propuesto que hacer en compensación. Por ejemplo trasplantar los árboles a un radio de x metros y plantar n nuevos árboles por cada uno trasplantado.

Alta Influencia/Poder

Satisfacer sus necesidades Consultar sobre sus áreas de interés Mantener informados a través de reuniones y reportes Tratar de incrementar el interés sobre el proyecto o algún aspecto del mismo (tratar de llevarlos al bloque de la derecha)	Gestionar de cerca Hacerlos partícipes del governance (donde se toman decisiones) Seguir, informar y consultarlos regularmente
Menos importantes Informar en comunicaciones generales tales como newsletters, websites o carteleras Tratar de incrementar su interés (tratar de llevarlos al bloque de la derecha)	Mantener informados Hacerlos partícipes de áreas de bajo riesgo Mantener informados focalizando en sus áreas de interés

Bajo   Alto Interés

Figura 29. Acciones con stakeholders según su valoración

9.   CIERRE

Este capítulo describe los procesos involucrados en el Grupo de Procesos denominado "Cierre".

9.1. Cerrar el proyecto

Muchos piensan que un proyecto finaliza cuando se termina de hacer el Go live ó deployment de una aplicación, otros cuando se finalizó la etapa de post producción, la mayoría cuando se consigue una conformidad por el servicio brindado al cliente. Ninguno de estos casos debería ser el cierre formal de un Proyecto.

Se considera que un proyecto está cerrado cuando se finalizan todas las actividades del proceso de cierre.

El input para comenzar con el proceso de Cierre del Proyecto debe ser la Conformidad de Servicio o aceptación final formalmente firmada por el Cliente.

Cuando se planifique la fecha de fin de proyecto debe considerarse en el mismo todas las actividades correspondientes al proceso de Cierre.

Las actividades a realizar en el proceso de cierre son:

- Completar la documentación del Proyecto

- Organizar y realizar la reunión de cierre del Proyecto
- Crear el reporte final del Proyecto (incluye las lecciones aprendidas) y distribuirlo a los interesados
- Liberar infraestructura específica para el proyecto (sala de reuniones, proyector, etc)
- Informar a Finanzas & Controlling. En caso que el proyecto sea cancelado también deberá informarse el cierre con la documentación que se haya obtenido.
- Desasignar al Project Manager: El owner desasigna al Project Manager firmando el Project Charter (Project Assignment) firmado al momento de asignación del Proyecto.
- Asegurar obligaciones de garantía
- Archivar documentos: Actualizar la documentación en archivos en el recurso asignado a tal fin y entregar la documentación de gestión en papel a la PMO para que la misma sea archivada centralmente.
- Generar el reporte final de cierre de proyecto.

Como comentario adicional y no menos importante, existen casos en que por algún motivo o razón los proyectos no son finalizados y se cancelan. En dicha oportunidad, a pesar de que el proyecto no fue finalizado debe ser cerrado, es decir que deberán ejecutarse las actividades del proceso de cierre que correspondan.

Las Lessons Learned o Lecciones aprendidas se obtienen a través de la realización de reuniones con el equipo de trabajo y al menos los principales stakeholders. El objetivo de la reunión es compartir, cada uno desde su rol y con la experiencia de haber participado en el proyecto, los siguientes temas:

- ¿Qué cosas se hicieron bien?

- ¿Qué cosas se hicieron mal?

- ¿Qué se puede mejorar?

La idea es que el Project Manager lidere la reunión y cada integrante de la misma brinde su feedback como crítica constructiva. La información que se obtenga como resultado de la reunión debe documentarse.

Las lecciones aprendidas deben hacerse al finalizar el proyecto pero también pueden hacerse al finalizar cada etapa o fase o incluso hacerse periódicamente. Las mismas ayudaran a mejorar el trabajo en los próximos pasos del proyecto o si el proyecto fue finalizado servirá para futuros proyectos de similares características. Algunos aspectos relacionados las lecciones aprendidas podrían ser la comunicación con los stakeholders, temas tecnológicos, logísticos, de RRHH y proveedores, entre otros.

9.2. Cerrar compras

En general los procesos de compras tardan en cerrarse. Quizás porque algunos contratos incluyan garantía o soporte post implementación o porque al proveedor le quedaron open issues, como ser por ejemplo la entrega de documentación. El hecho es que hay que darle un cierre junto con el cierre del proyecto.

Si quedan open issues que son parte del proyecto quiere decir que el proyecto no está finalizado, por lo cual primero se deberán completar los asuntos que queden a desarrollar antes de concluir el proyecto. Por otra parte si los contratos incluían garantías o soportes especiales post implementación que no son parte del proyecto, podría realizarse un handover al servicio on going en el caso que corresponda.

10. EL CAMINO A LA CERTIFICACION

Este capítulo está dedicado a todos los estudiantes y profesionales que deseen obtener una certificación como Project Managers.

Para todos aquellos que lideran proyectos y dirigen equipos de trabajo, pueden comenzar a recorrer el camino para certificar como PMP® (Project Manager Professional) si aún no lo son. Para ello se debe, por un lado cumplir los requisitos de estudios y de experiencia profesional establecidos por el PMI y por el otro demostrar habilidad para aplicar el conocimiento de Project Management a través de la aprobación de un examen de certificación.

Cuando se certifica, el PMI otorga una credencial reconocida internacionalmente dentro de la práctica de gestión de proyectos.

Con la aprobación del examen de certificación no finaliza el camino, sino que comienza uno a través de un mayor compromiso con la profesión, en el cual se deben desarrollar actividades para mantener y renovar la certificación obtenida.

En rigor de verdad, el PMI cuenta con más certificaciones además de la de PMP®, sin embargo la misma es la más popular y reconocida e integra todas las áreas de conocimiento de la gestión de un proyecto.

Los requisitos para poder rendir el examen de certificación son:

- contar con un título universitario de Licenciado/Ingeniero,

- poseer tres años de experiencia en gestión de proyectos,

- contar con al menos 4500 horas de dirigir/liderar tareas de proyectos,

- contar con un entrenamiento específico de Project Management

Para aquellos que no cuenten con el título universitario, deberán contar al menos con cinco años de experiencia en la materia y sumar 7500 horas liderando/dirigiendo tareas de proyectos.

Cumplidos estos requisitos podrá inscribirse para el examen, completando la información sobre sus estudios y experiencia en el web site del PMI. Una vez inscripto, deberá pagar por la certificación. Le recomiendo, primero se haga miembro del PMI, ya que si se inscribe para rendir el examen deberá abonar aproximadamente el valor del examen menos el de dicha membresía, caso contrario el examen le saldrá casi lo mismo que la suma de las dos. Ser miembro del PMI es más que interesante, ya que obtiene acceso a mayor información, recibe publicaciones de la profesión en su domicilio, y puede participar en sesiones y eventos del Instituto, entre otras cosas.

Volviendo a la inscripción del examen, una vez efectivizado el pago puede ser que le toque en suerte una auditoría para verificar si la información provista sobre sus estudios y experiencia es cierta. Por este motivo deberá contar con los certificados correspondientes a mano -como ser el título universitario- y los contactos de sus jefes en los trabajos donde haya gestionado proyectos.

Ya sea tenga que pasar por una auditoría o no, el PMI le informará cuando podría rendir el examen y no tiene más que elegir la fecha, estudiar, presentarse y rendir bien!

Todo este trámite administrativo puede realizarlo a través del web site www.pmi.org. Antes de cargar sus datos o hacer cualquier movimiento en vano, lea atentamente el Handbook (libro de mano) denominado "Project Management Professional (PMP®) Credential Handbook" que se encuentra publicado también en dicho web site. Allí encontrará mayor nivel de detalle sobre el proceso de certificación con los tiempos y costos actualizados del proceso de registración. Téngase en cuenta que el PMI puede actualizar cualquiera de los requisitos descritos en el presente capítulo, por lo cual es altamente recomendable revisar el web site.

El examen consta de resolver 200 preguntas en 4 horas, las cuales se basan en distintas situaciones y escenarios sobre proyectos. Las respuestas son múltiple choice, pero no por eso se crea que es fácil. Es más, lo confunden. Pero a no desesperar, a continuación los principales tips y recomendaciones para pasar exitosamente el examen.

Para contestar las preguntas estará sentado frente a una computadora conectada con el PMI y aunque esté en el mismo cuarto que otras personas puede ser que no le toque ni una pregunta en común, puede ser que los tests sean totalmente distintos.

Además de contar con su experiencia laboral y poner mucho estudio sobre la teoría de la metodología, tendrá que focalizar mucho sobre la forma en que debería ir contestando las situaciones que se le presentan. A continuación, algunos tips para tener en cuenta:

- Estudie el PMBOK® en Inglés. Remarco esta sugerencia porque por más que sepa este idioma tiene que estar acostumbrado a la terminología tal cual es. En el futuro podría necesitar gestionar proyectos regionales o internacionales y estará obligado a utilizar "un mismo idioma".
- Estudie, estudie y estudie! El PMBOK® está estructurado por area de conocimiento y los procesos relacionados con dicha area. Por cada proceso presenta los inputs, técnicas y herramientas y outputs. Lea el PMBOK®, entienda de que se trata, vuelva a leerlo hasta que no le queden dudas. Una vez que lo entendió debe saberse de memoria los inputs, herramientas y outputs de cada uno de los 47 procesos de la gestión de proyectos. Tenga muy en cuenta también las pocas fórmulas que necesita para hacer cálculos y lea muy bien el Glosario, donde se describe cada uno de los términos usuales.
- Practique. Cuando terminó de estudiar practique con simuladores de examen. Éstos vienen en CD ó DVD y se pueden conseguir en el mercado (incluso pueden adquirirse a través del web site del PMI en la sección Marketplace). Si una vez que realizó la simulación su resultado en puntaje es muy bajo, no se desanime. Vuelva a intentarlo tantas veces como lo necesite, hasta que su puntaje llegue cerca del 100% de respuestas correctas.

- Sea constante. No deje pasar el tiempo entre los días de estudio, tenga una correlatividad con los contenidos.
- Las 4P. Preparation prevent poor performance. La preparación nos previene de una pobre performance.
- Evalúe el tiempo. Recuerde que son 200 preguntas cuyo enunciado es más que extenso, una pantalla por pregunta. Tendría que estar contestando unas 30 preguntas cada media hora, de manera que le quede un tiempo final para su revisión.
- Practique con simuladores de examen sobre Desktops, laptops o dispositivos móviles.
- Lea material complementario, que le aporten conocimientos más detallados sobre las herramientas de gestión. También son de utilidad las "hot pics". Estas son pequeñas cartas para memorizar definiciones. Vienen en versión impresa o electrónica.
- No deje respuestas para después. Si tiene dudas sobre una respuesta, conteste por instinto la que le parezca y márquela para revisar luego. Después de varias horas uno se cansa. El programa cuenta con una opción que permite marcar respuestas para ser revisadas a lo último.
- Focalice sobre cuál es la pregunta que se le está haciendo. Muchas veces hay enunciados muy extensos con muchos "datos e información extra" que no es necesaria para responder la pregunta.
- No esté estudiando hasta el último momento. Al menos tómese un día de descanso antes de rendir el examen.
- Muchas veces "todas" las respuestas son correctas. Debe seleccionar la que mejor se adecúe a la pregunta. Lea muy bien el enunciado.
- Preste especial atención a como esta expresada la pregunta, muchas veces hay que contestar cual es la respuesta "incorrecta".
- Preste atención. A veces la respuesta a una pregunta está contestada en el enunciado de otra.
- Mientras rinde el examen puede salir del cuarto si lo necesita, sin embargo el tiempo sigue restando. Por lo cual vaya al baño con anterioridad, y tome un buen desayuno.
- Llegue con tiempo al lugar donde debe rendir.

Una vez que finaliza de rendir la computadora le dará la respuesta en el momento. Espera unos segundos y si la pantalla dice "Congratulations" se puede ir tranquilo porque ya es un PMP® certificado.

La certificación tiene un vencimiento, y hay que renovarla en periodos de tres años. Para ello hay que sumar una cierta cantidad de PDUs. PDU son las iniciales de Professional Development Units. Estas "unidades de desarrollo profesional" son unos puntos que debe ir acumulando un PMP - una vez que aprobó el examen- para poder mantener la certificación. Se deben sumar al menos 60 PDUs cada 3 años.

Estos PDUs pueden obtenerse a través de la demostración ante el PMI de que:

- Ejerció su profesión durante el ciclo correspondiente.
- Asistió a charlas del PMI Chapter.
- Fue profesor de cursos de Project Management.
- Participó en Seminarios de la materia.
- Asistió a cursos dictados por R.E.P (Registered Education Providers).
- Fue autor de publicaciones del PMI referidas a la gestión de proyectos.
- Escribió un libro sobre la materia.

Para mayor detalle o para solicitar el reconocimiento de PDUs puede hacerlo a través de la página web www.pmi.org.

Para obtener material extra y mayor información sobre la presente publicación puede hacerlo a través de internet, accediendo a la página web www.facebook.com/cronicasdeprojectmanagement.

11.   ABREVIATURAS Y TERMINOS ESPECIALES

CRF = Change Request Form = Requerimiento de Cambio

CPM = Critical Path Method = Método del Camino Crítico

EDT = Estructura de Desglose de Trabajo (en Ingles: WBS)

FODA = Herramienta de análisis aplicada a distintas situaciones. La abreviatura proviene de Fortalezas, Oportunidades, Debilidades, Amenazas. (En Ingles es SWOT: Strenghts, Weaknesses, Opportunities, Threats)

Issue Log = Tabla de registración de incidentes/pendientes

KPI = Key Performance Index = Indice de Performance

Kick Off = Patada inicial (se utiliza Kick Off Meeting para referirse a la primer reunión del Proyecto donde se involucra a todos los stakeholders)

PDU = Professional Development Units

PERT = Evaluation and Review Technique. Diagrama de red o precedencia.

PGP = Plan de Gestión del Proyecto (también se lo conoce como PMP aludiendo a Project Management Plan)

PM = Project Manager = Gerente de Proyecto

PMBOK = Project Management Body of knowledge (PMI)

PMI = Project Management Institute

PMO = Project Management Office = Oficina de Gestión de Proyectos

PMP = Project Manager Proffesional

PTD = Project Team Directory =Directorio del equipo de Proyecto

Q-Gate = Quality Gate = Compuerta de Calidad

RAM = Responsability Activity Matrix = Matriz de Roles y Responsabilidades

RACI = Responsible, Accountable, Consulted, Informed Matrix

RBS = Resource Breckdown Structure = Organigrama de recursos del Proyecto

SOW = Statement of Work = Enunciado de Trabajo

TLR = Traffic Light Report = Reporte ejecutivo de semáforos

WBS = Work Breakdown Structure = Estructura de Desglose de Trabajo

WP = Work Package = Paquete de trabajo

WPD = Work Package Description = Descripción del Paquete de Trabajo

12. BIBLIOGRAFIA CONSULTADA

PMBOK® Guide, 5th Edition, published by the Project Management Institute (PMI), 2013.

PMP: Project Management Professional Exam Study Guide, 7th Edition, by Kim Heldman, 2013.

The Practice Standard for Project Risk Management, by PMI, 2009.

The Project Management Office (PMO): A Quest For Understanding, by Brian Hobbs and Monique Aubry address, PMI, 2010.

The Standard for Portfolio Management, Second Edition, by PMI, 2008.

Project Categorization Systems, by Lynn Crawford, J. Brian Hobbs and J. Rodney Turner, 2005.

Sí ¡de acuerdo!, Segunda Edición, Roger Fisher, William Ury y Bruce Patton, 1997.

Things your PMO is doing wrong, by Michael Hatfield, 2008.

Papers de IDEA Instituto para el Desarrollo Empresarial de la Argentina, 2005.

Material de Programa de Desarrollo Gerencial de IAE Business School Universidad Austral, 2012.

Web sites pmi.org y linkedin.com

www.ingramcontent.com/pod-product-compliance
Lightning Source LLC
Chambersburg PA
CBHW072027190526
45166CB00015B/566